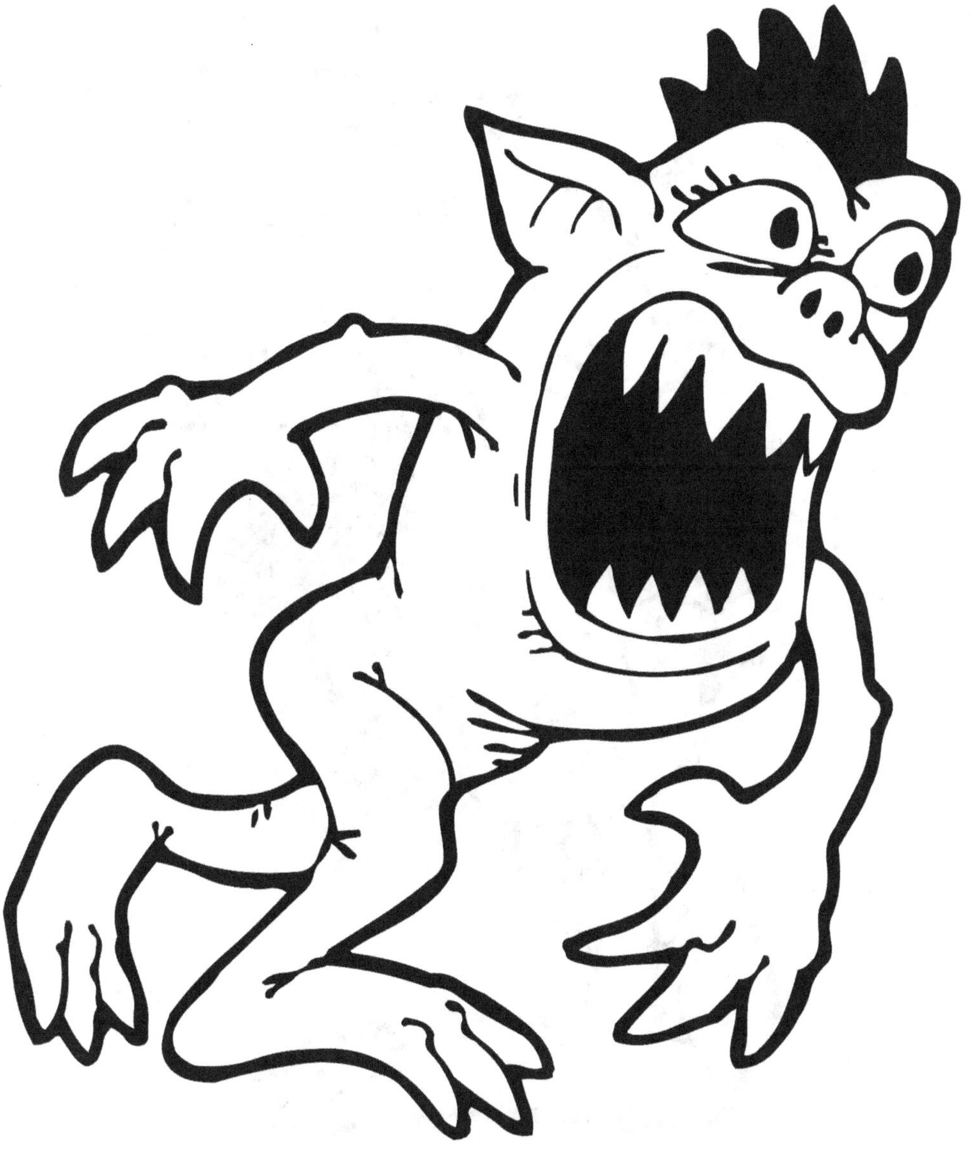

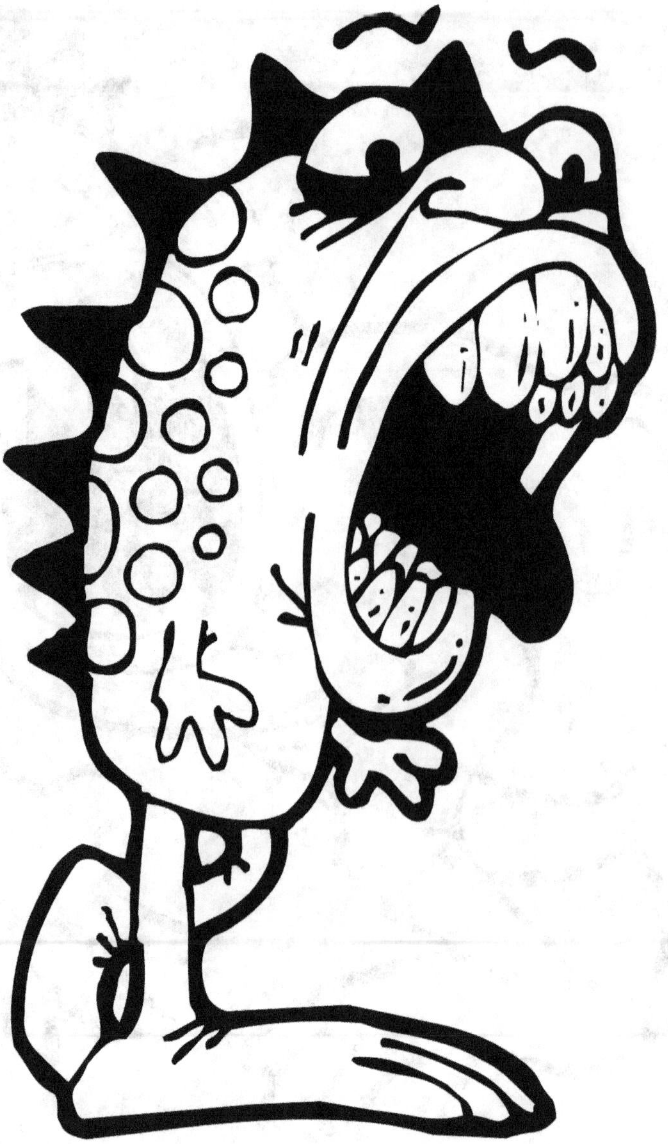

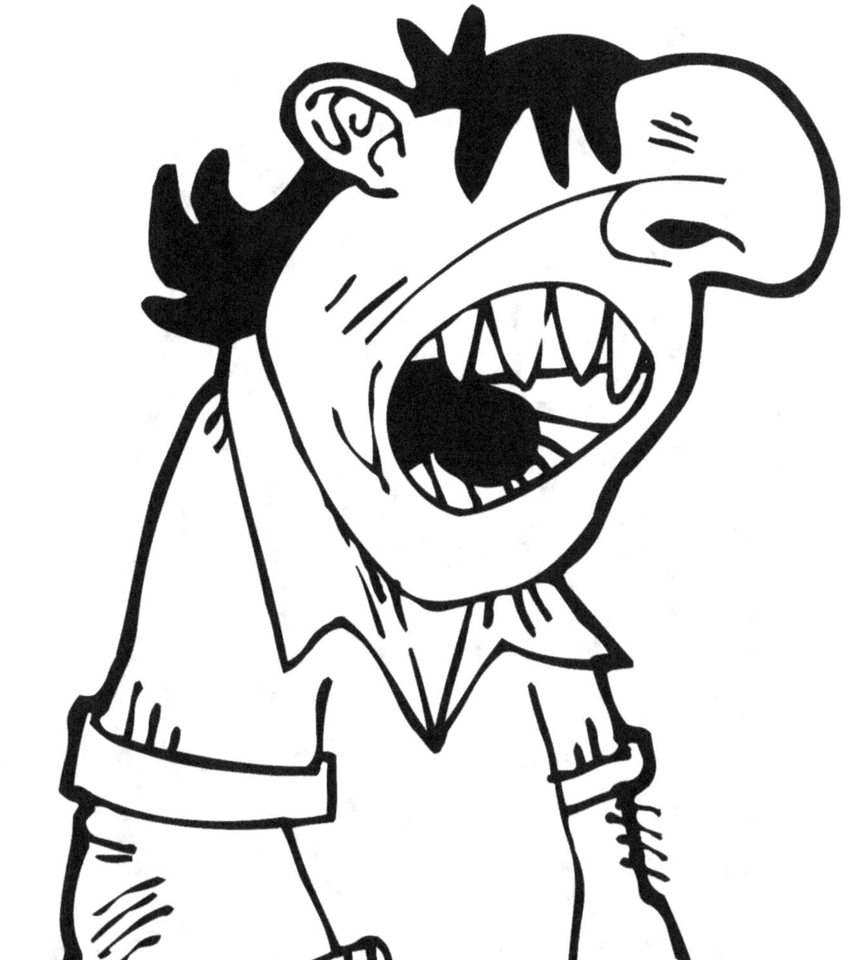

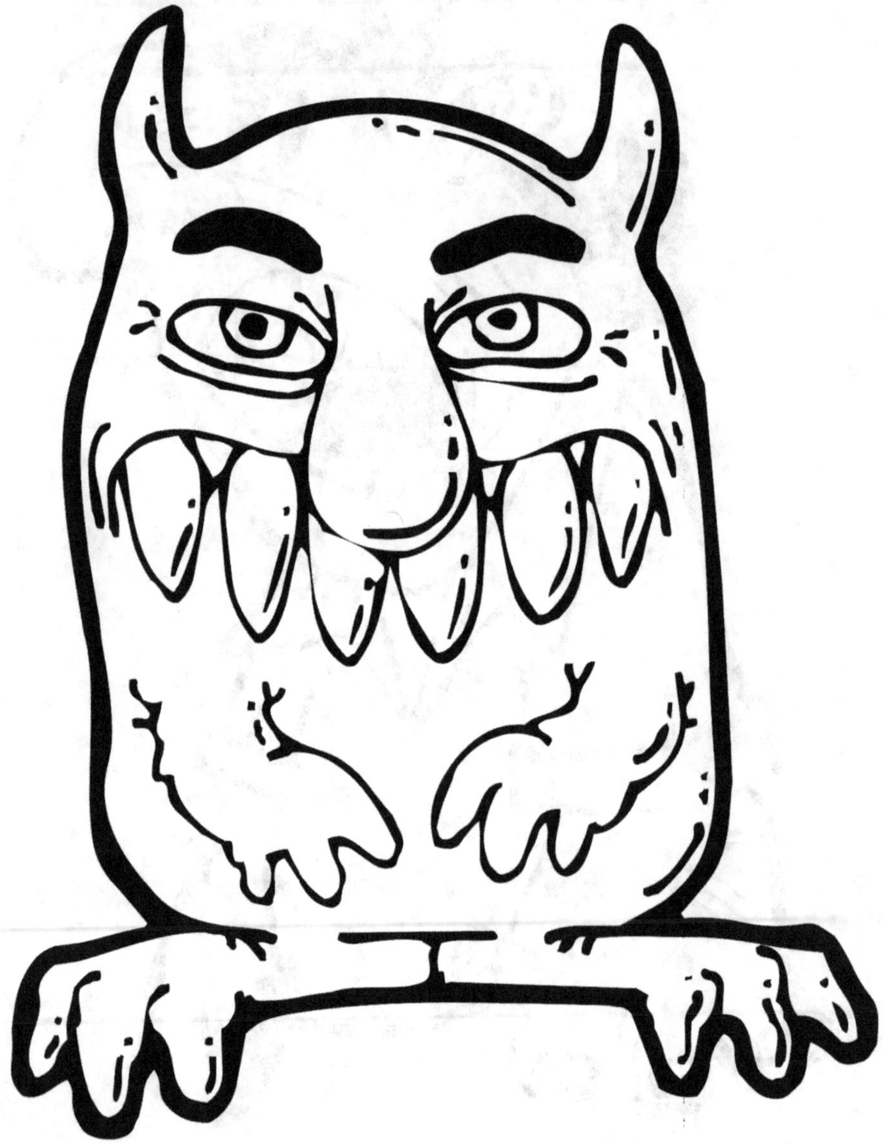

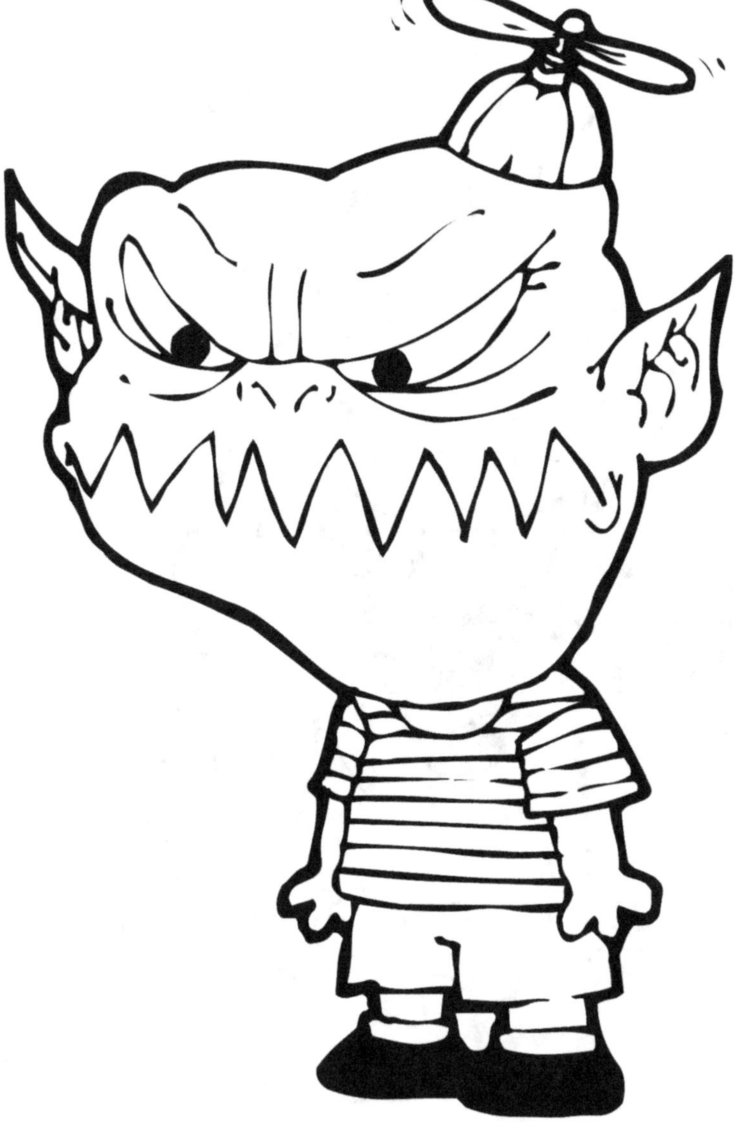

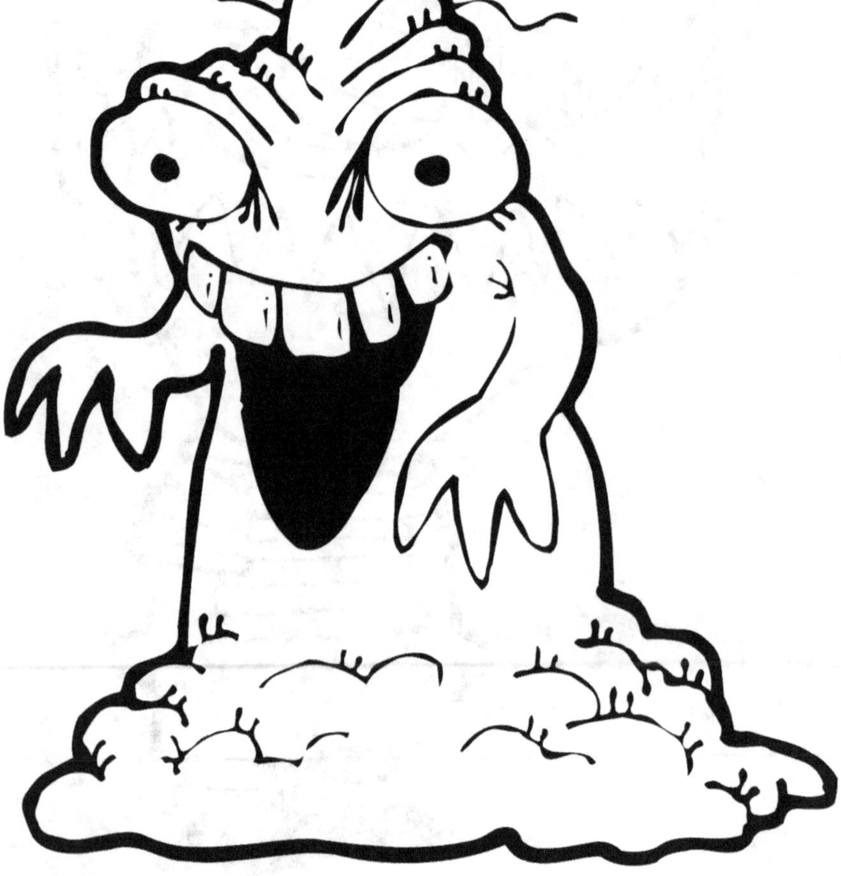

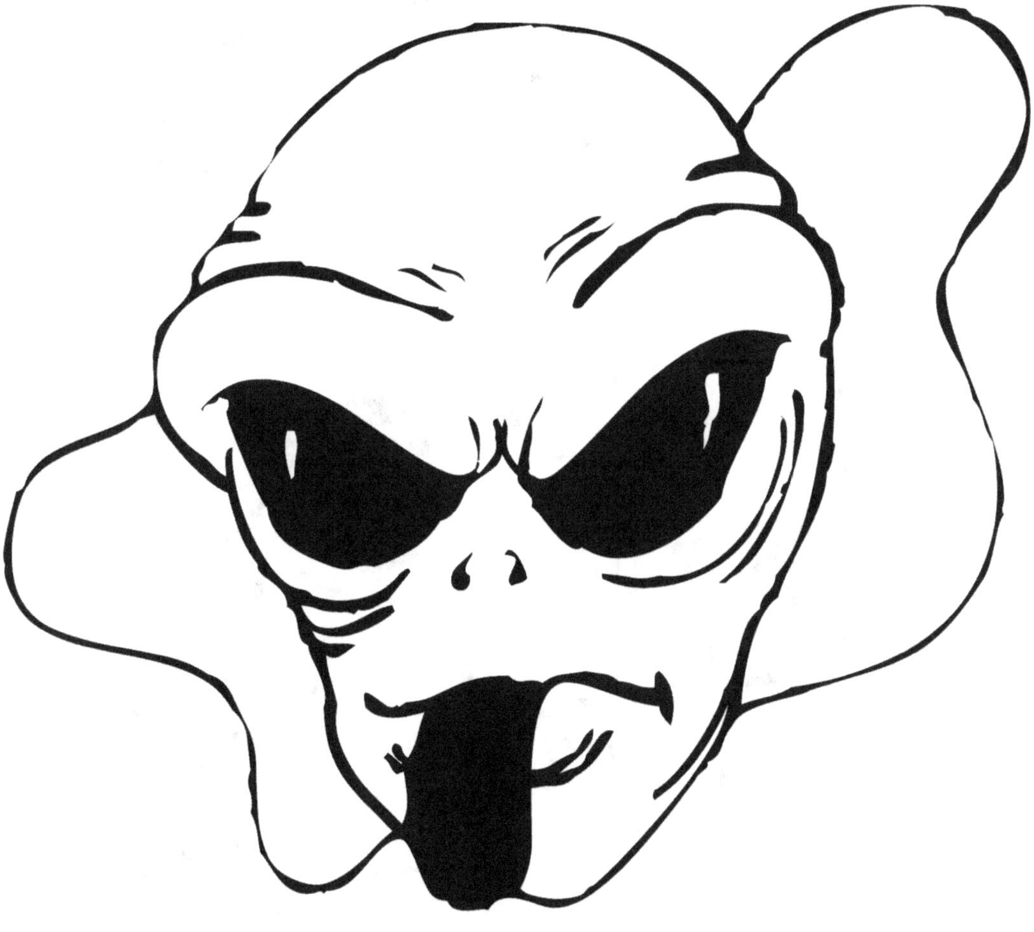

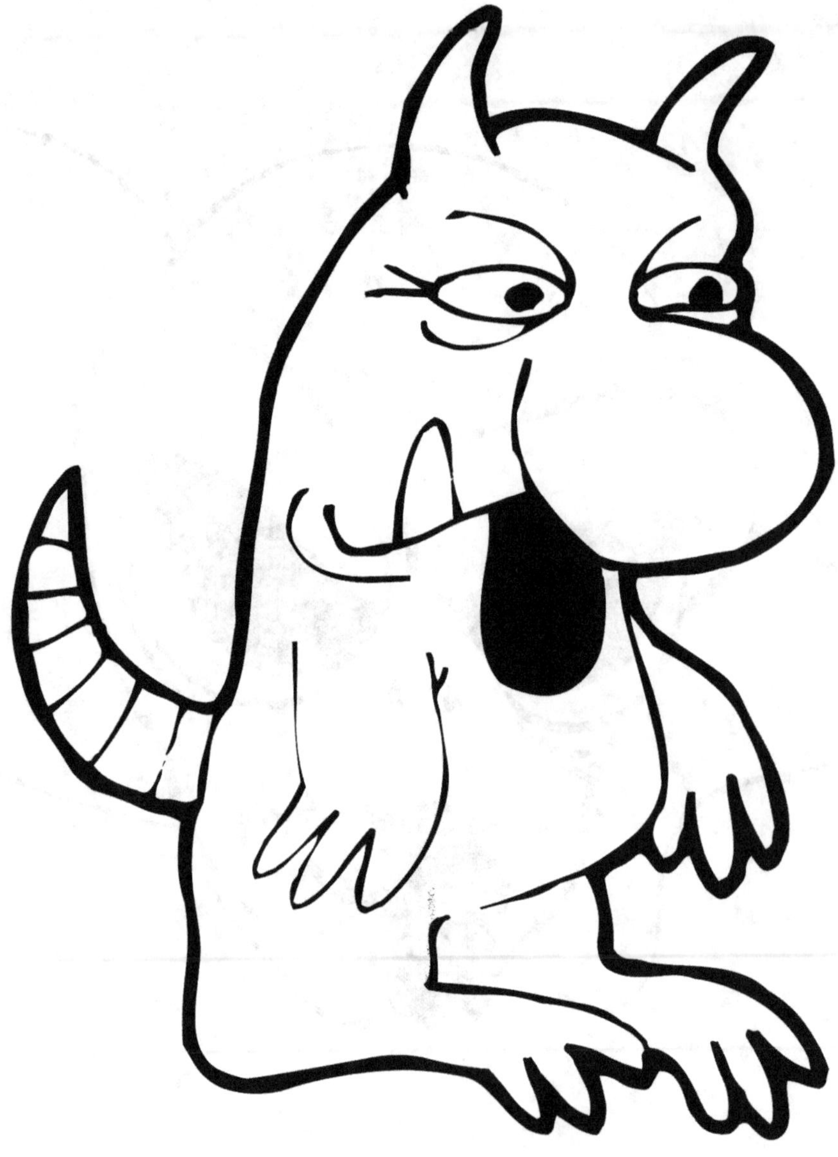

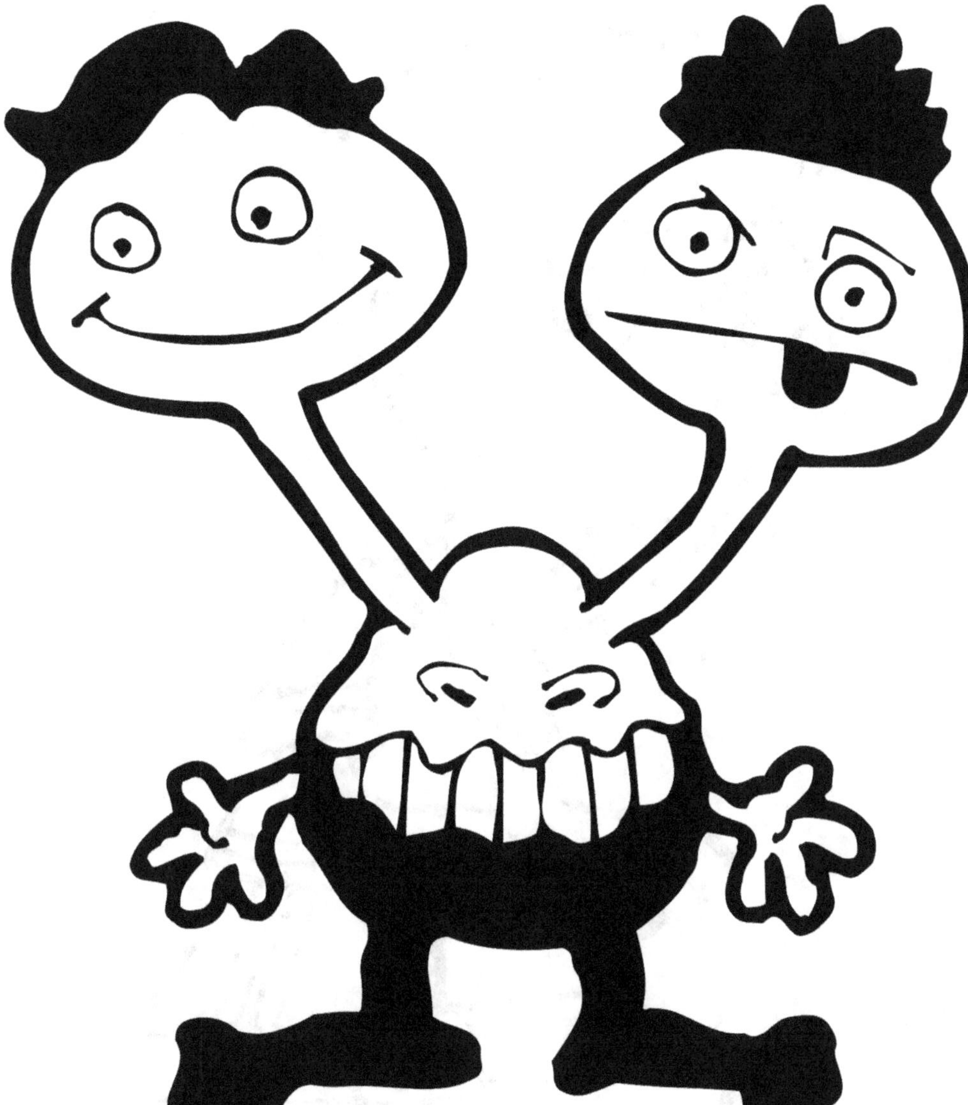

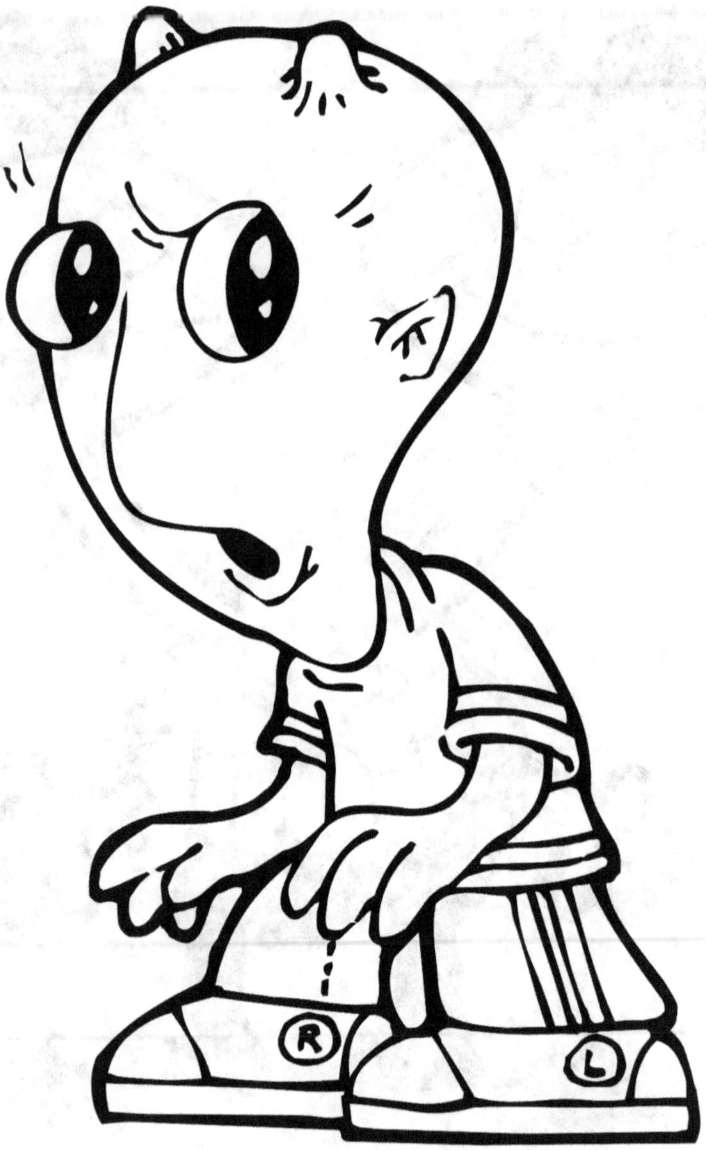
R
L

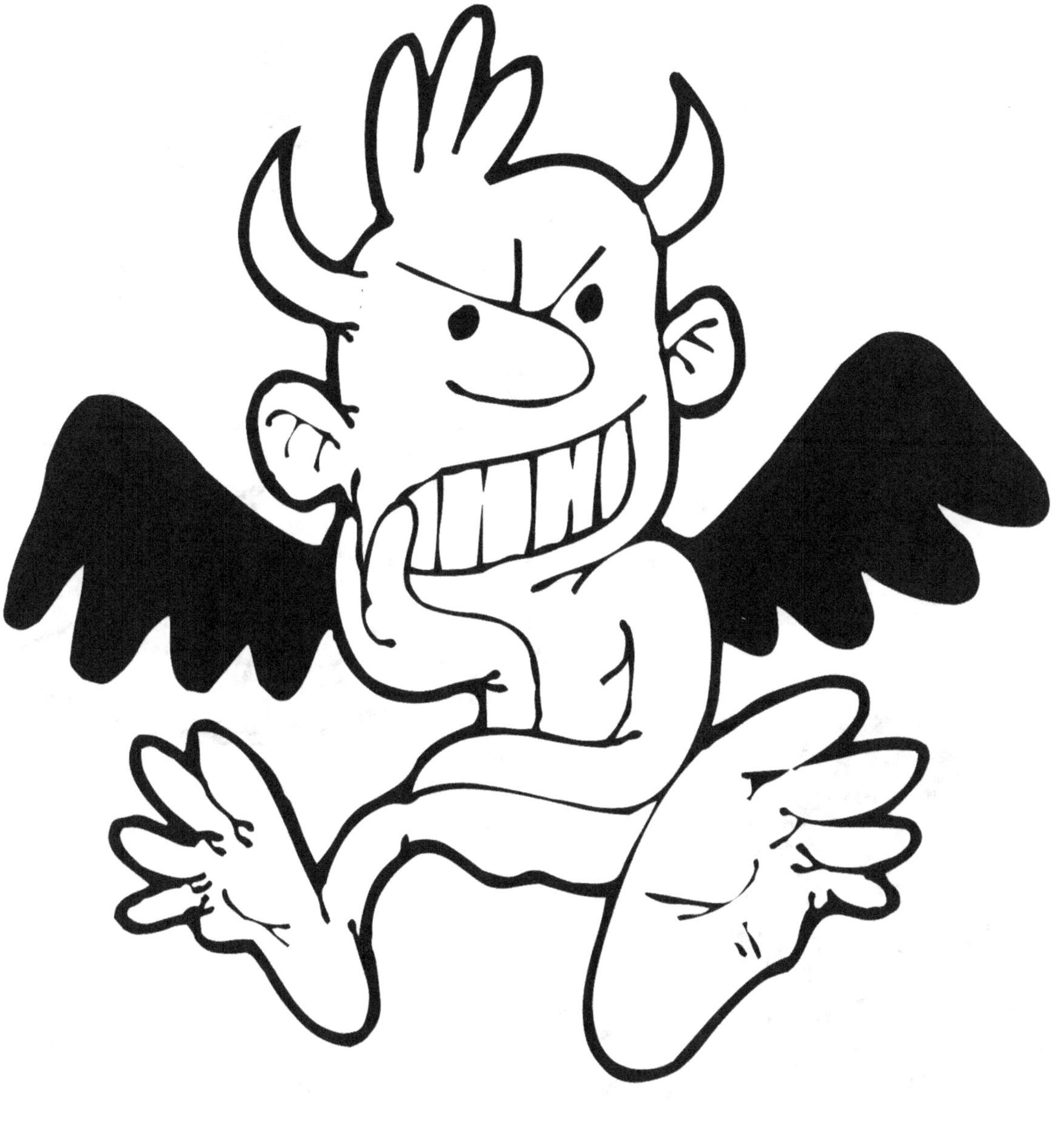

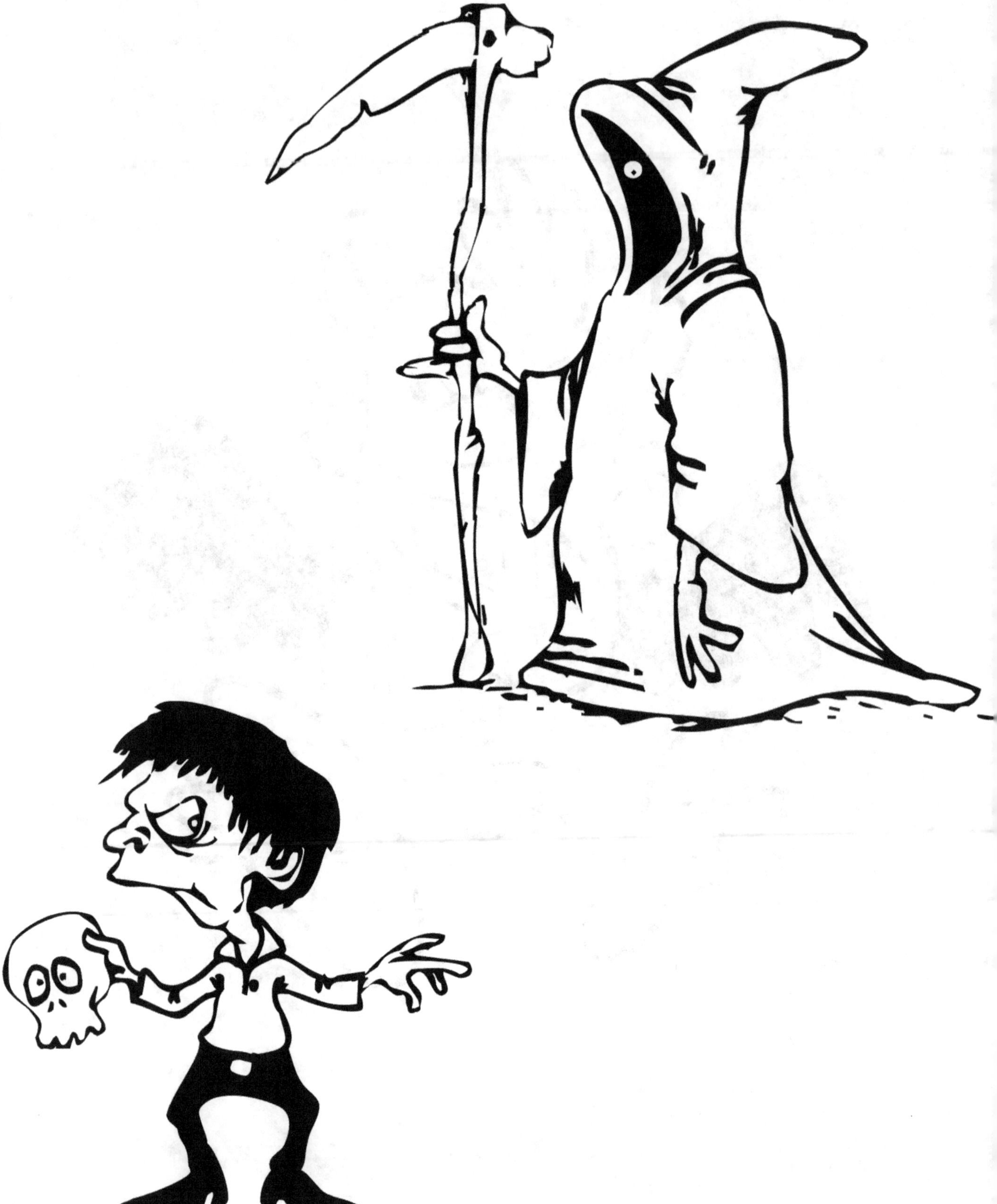

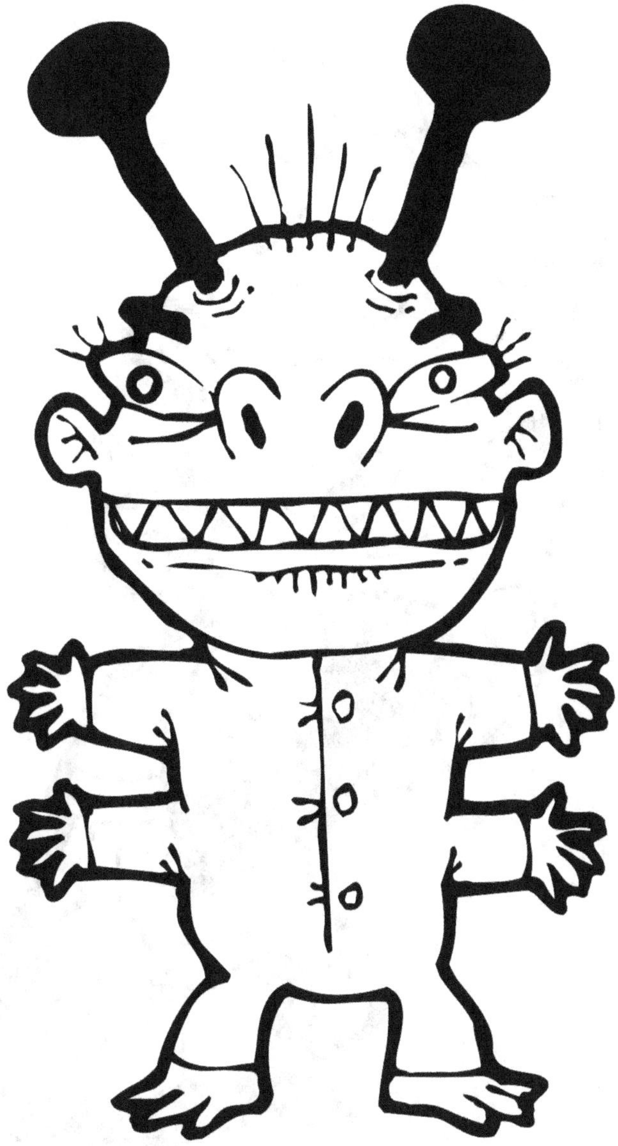

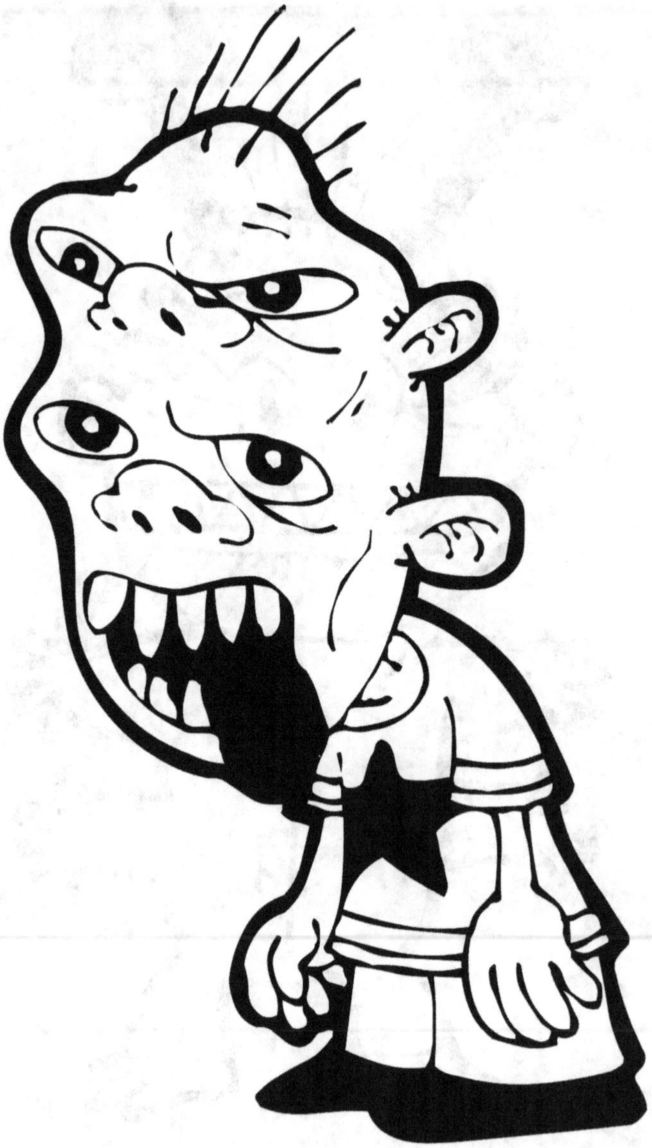

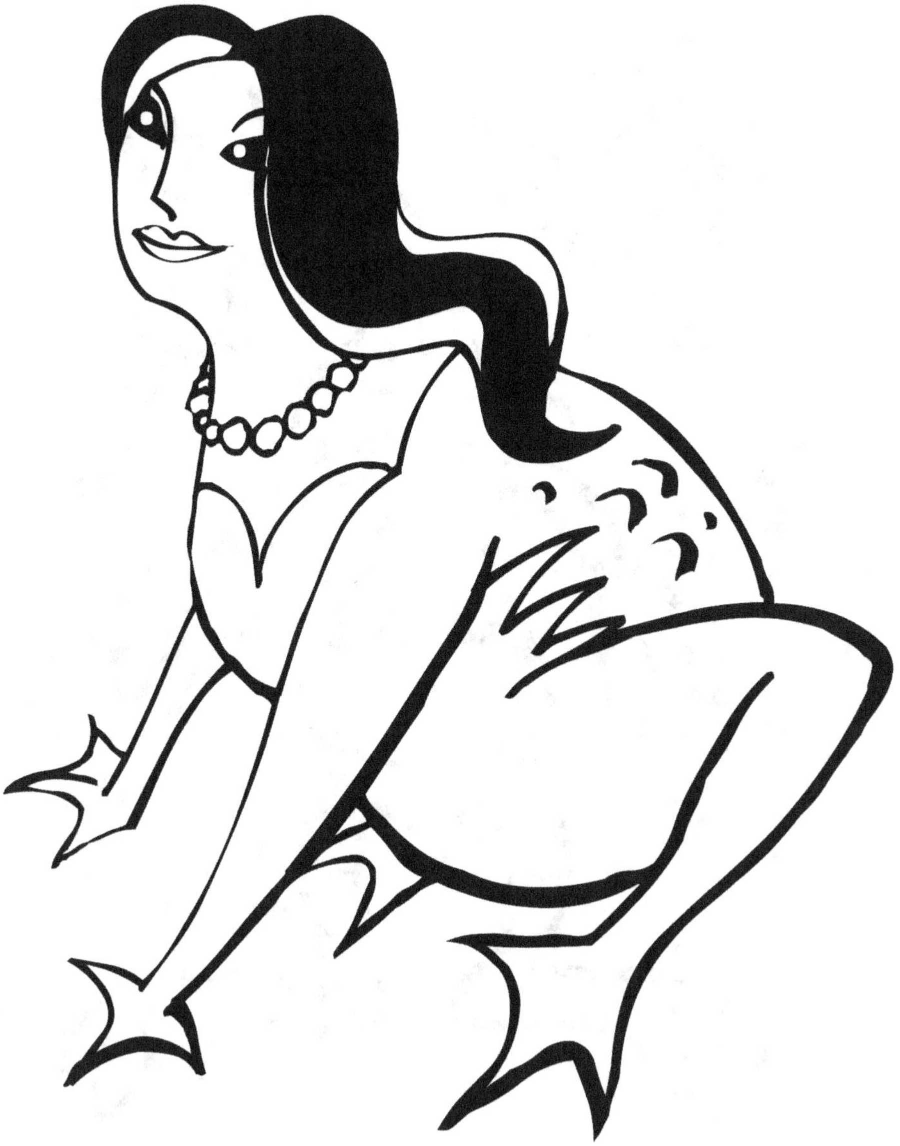

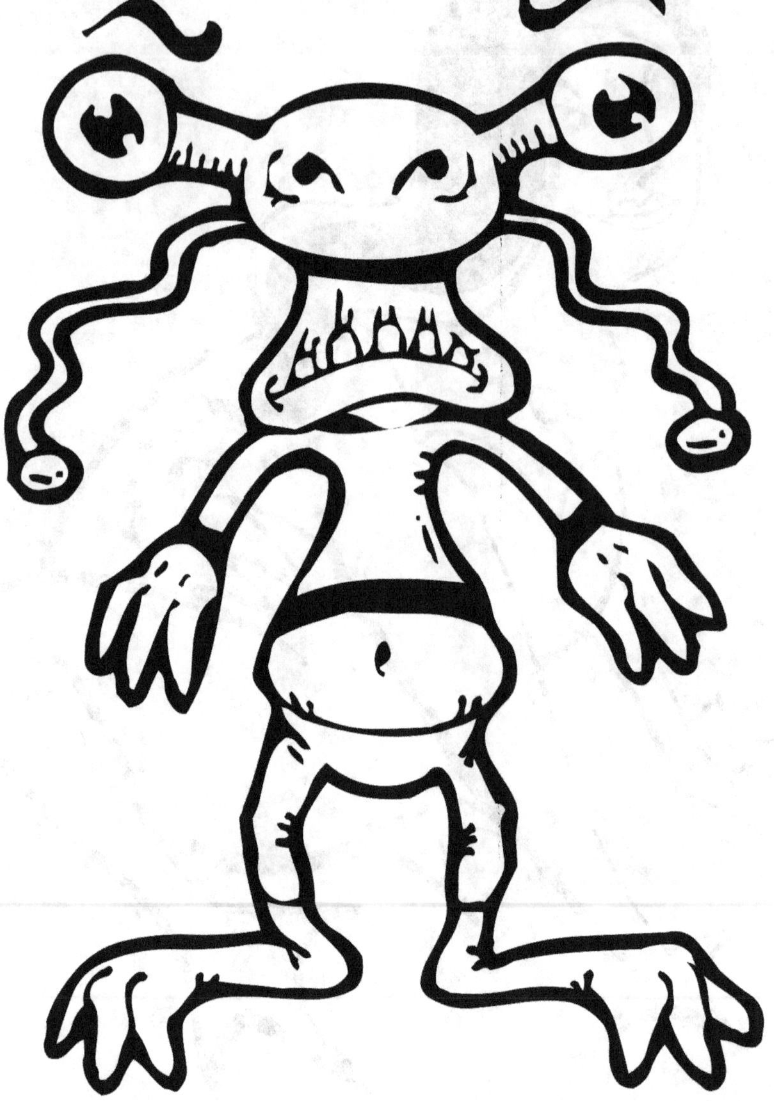

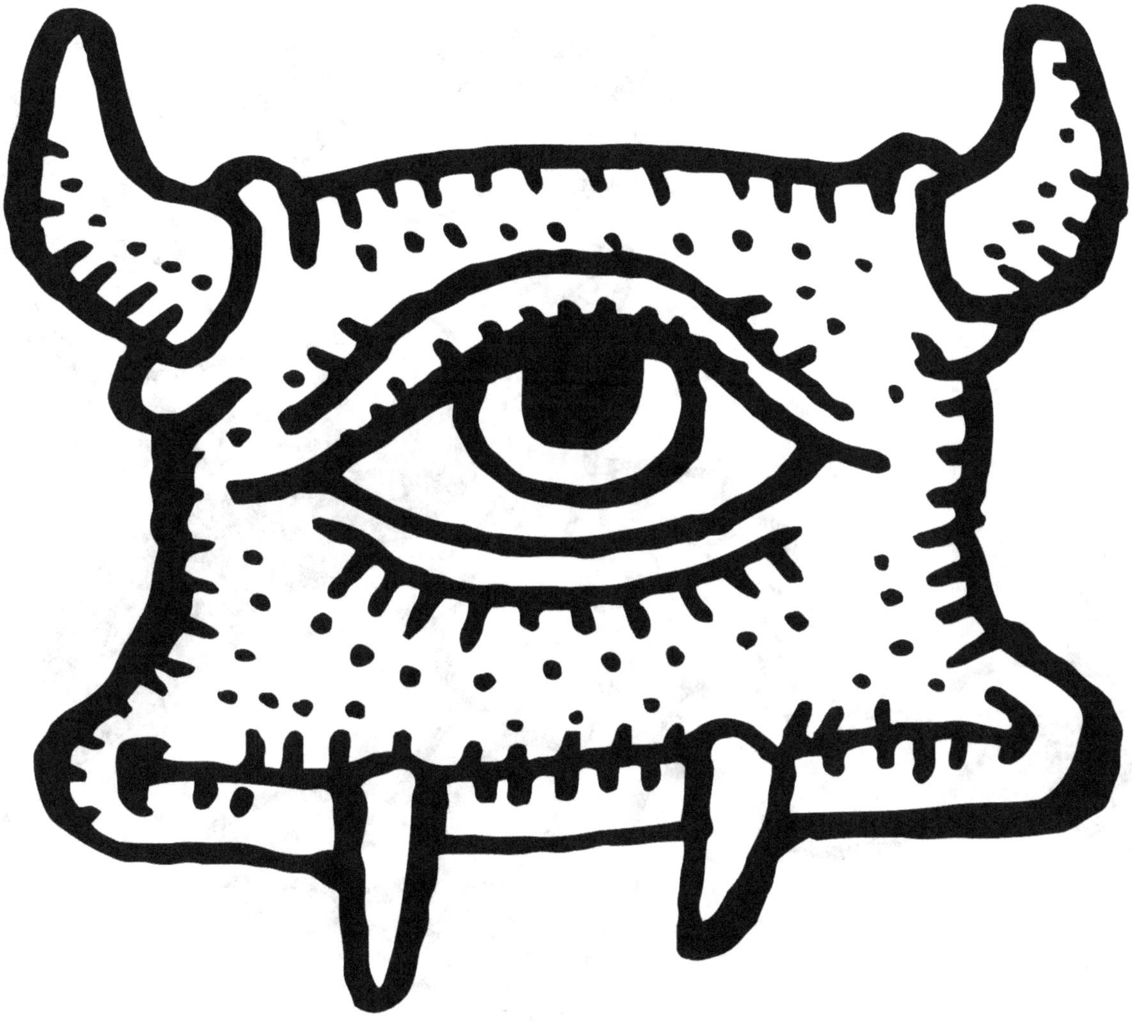

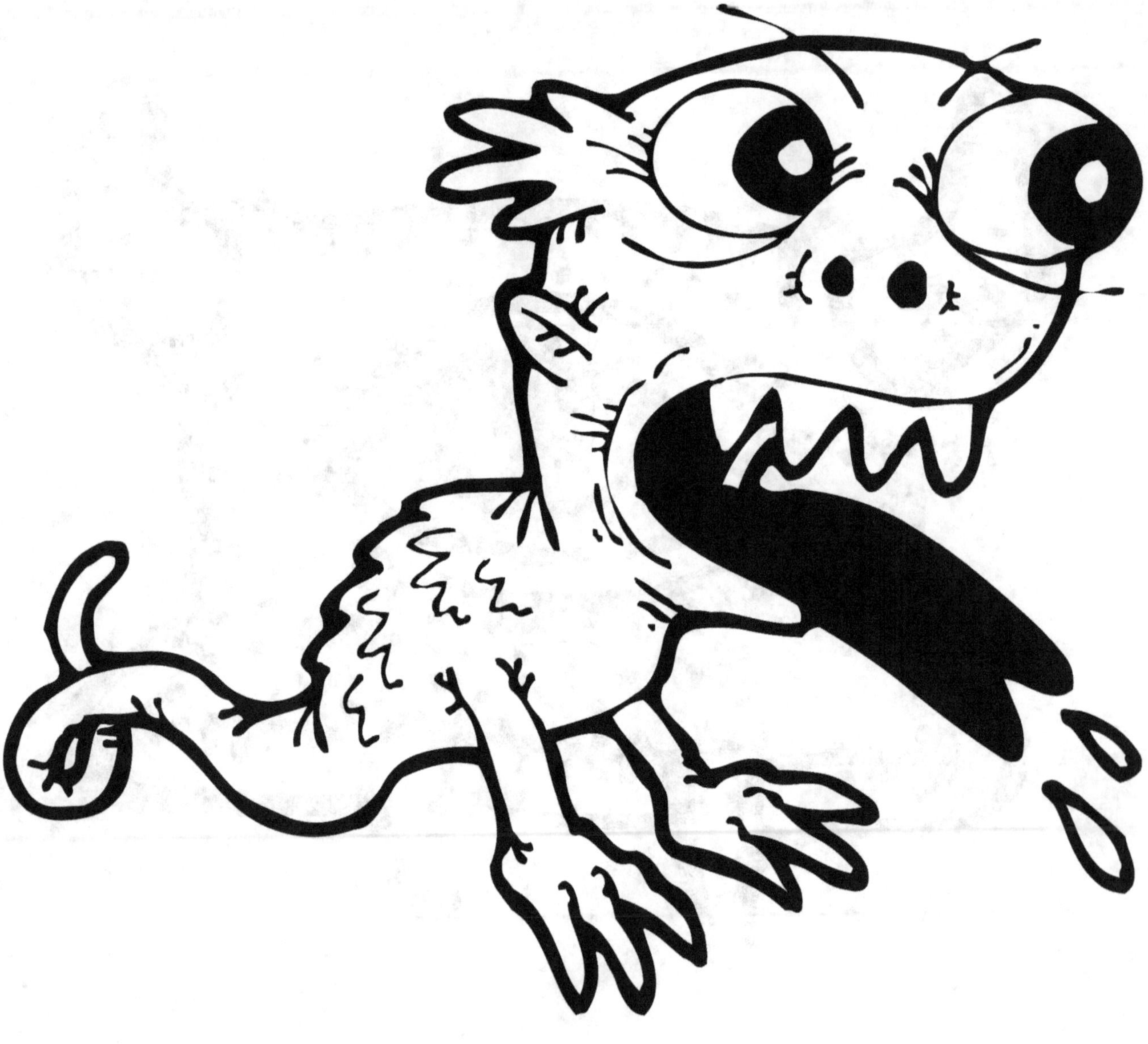

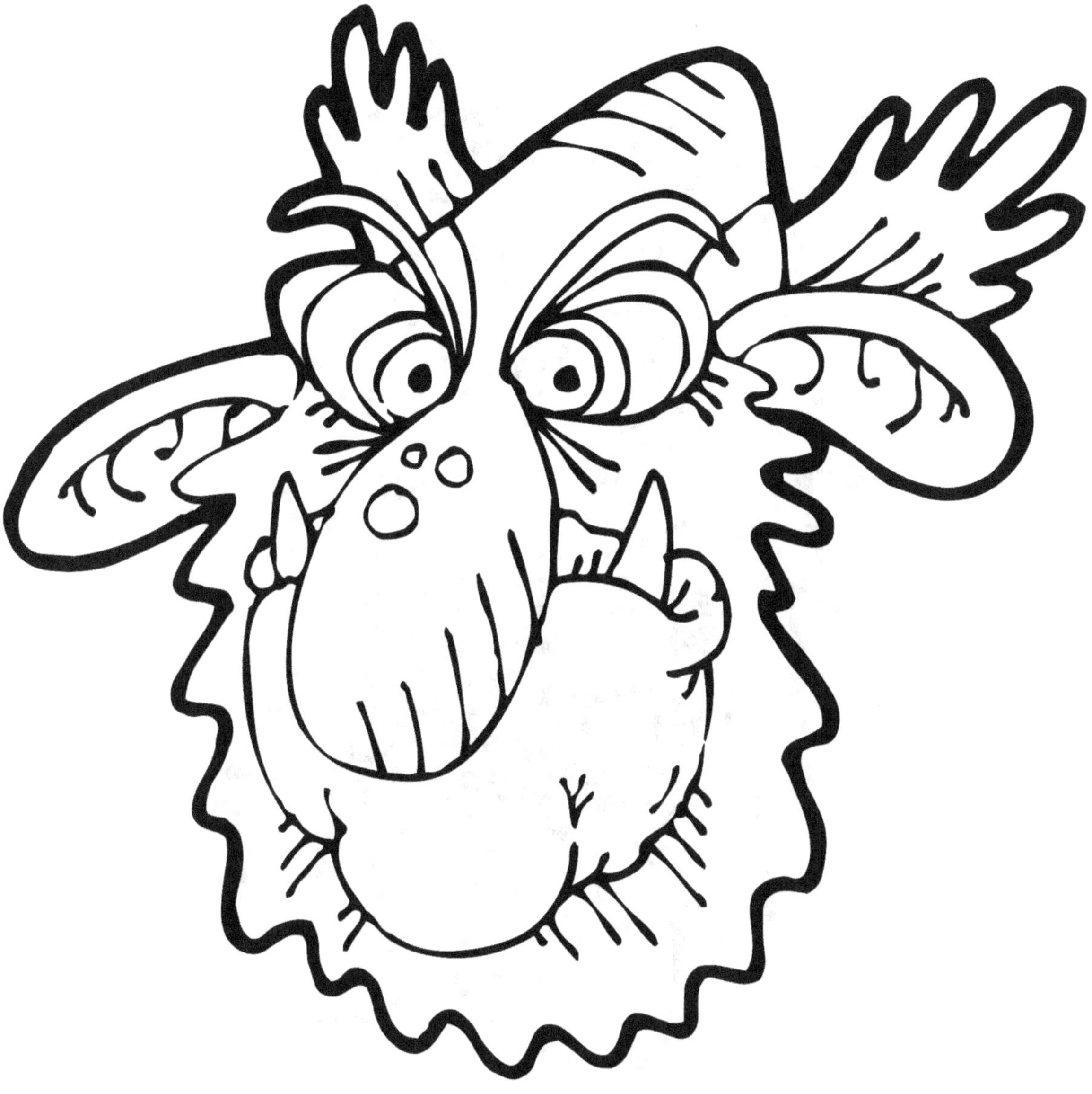

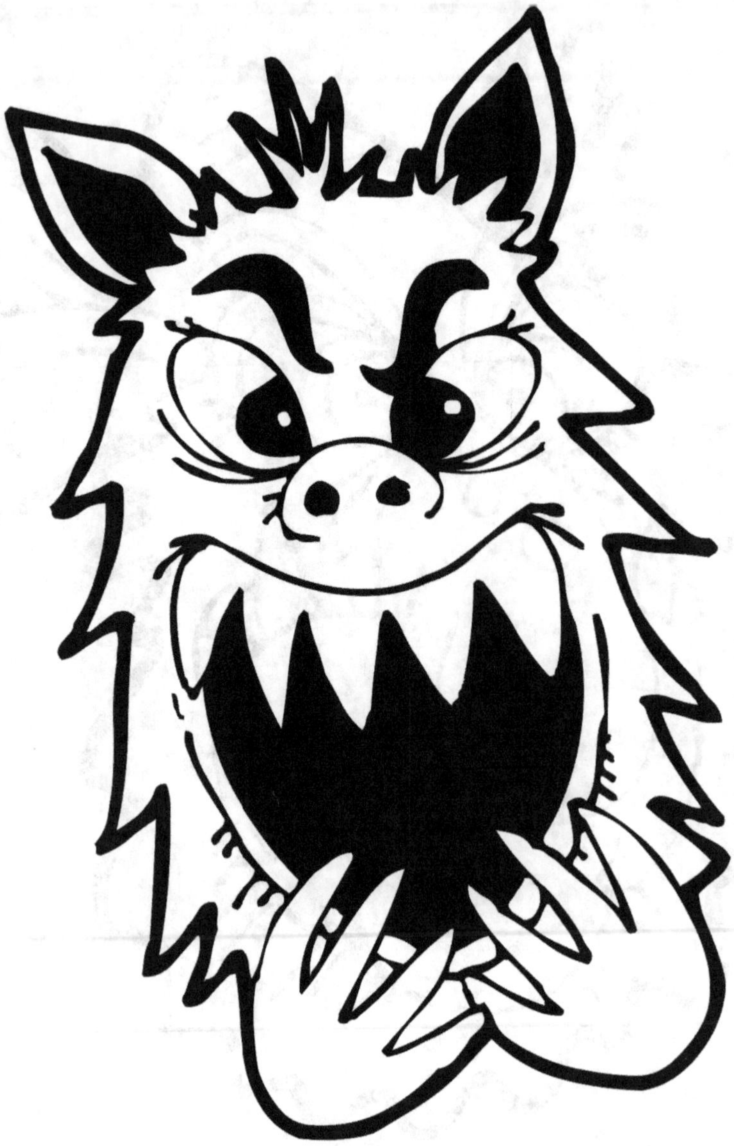

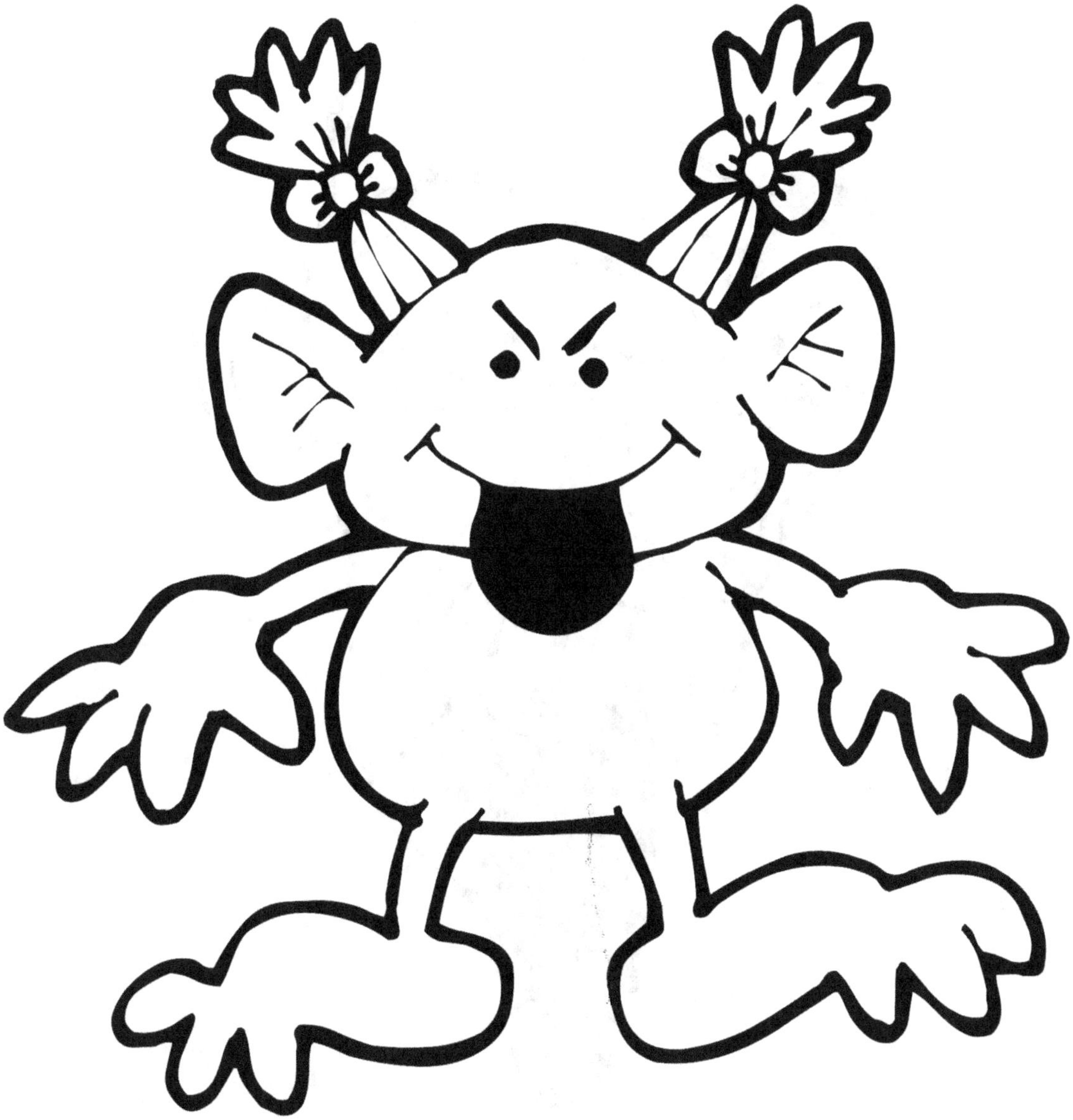

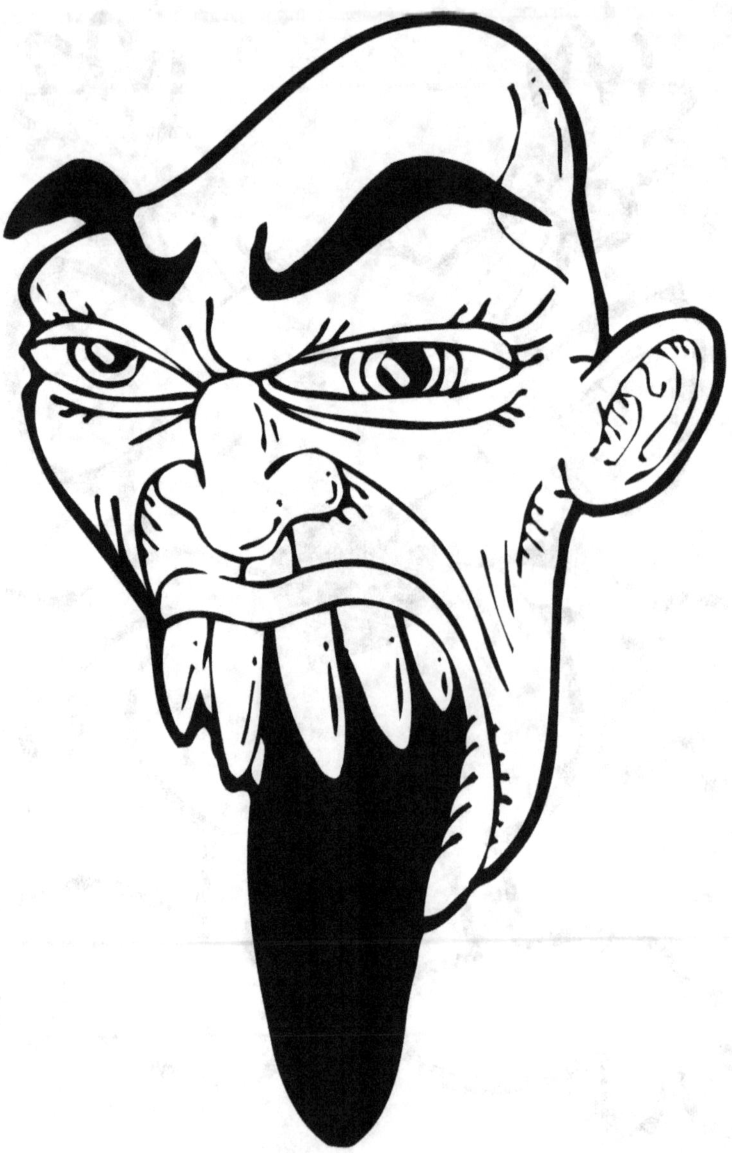

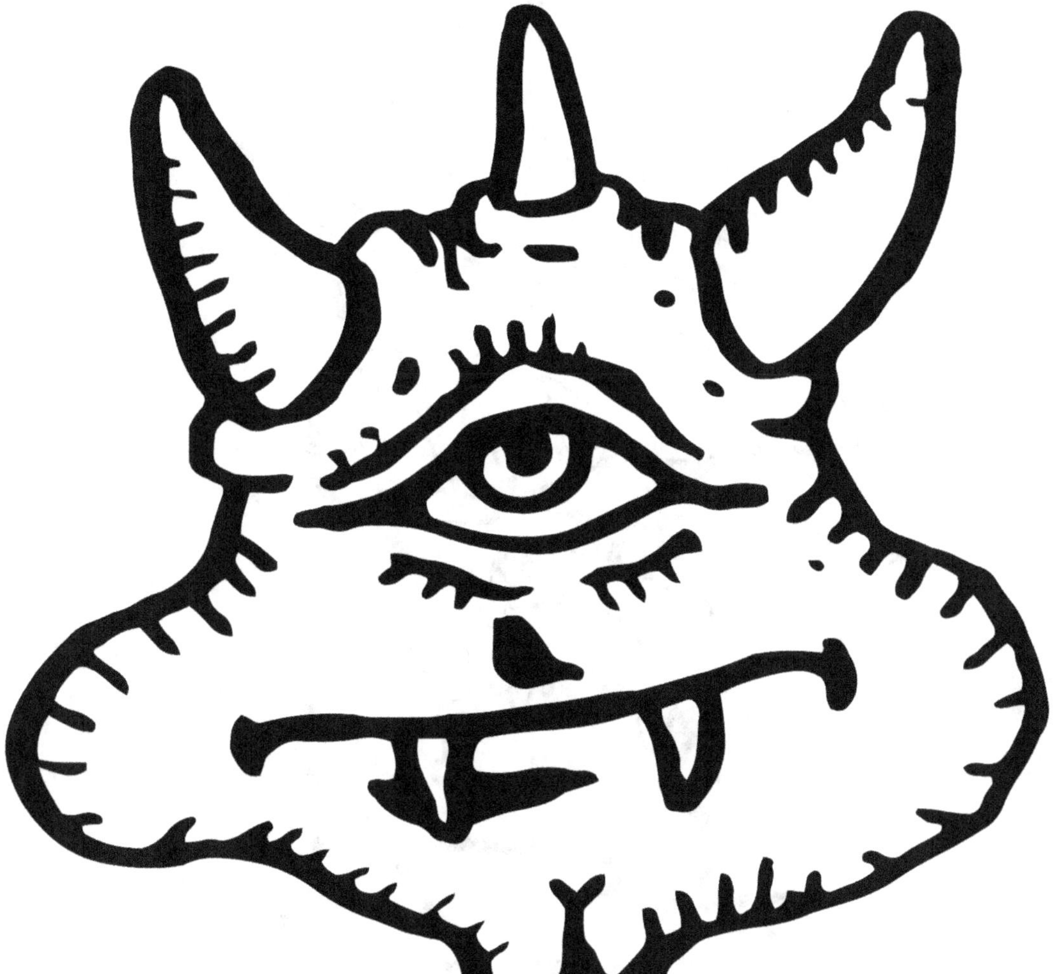

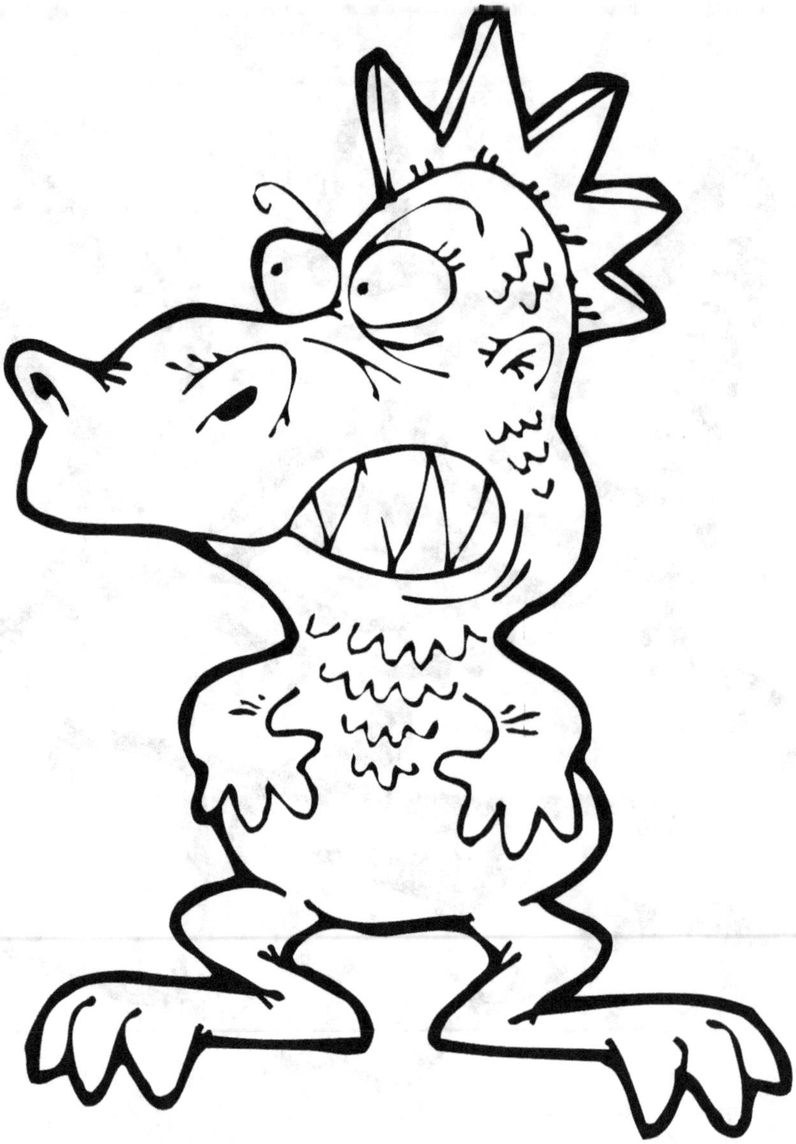

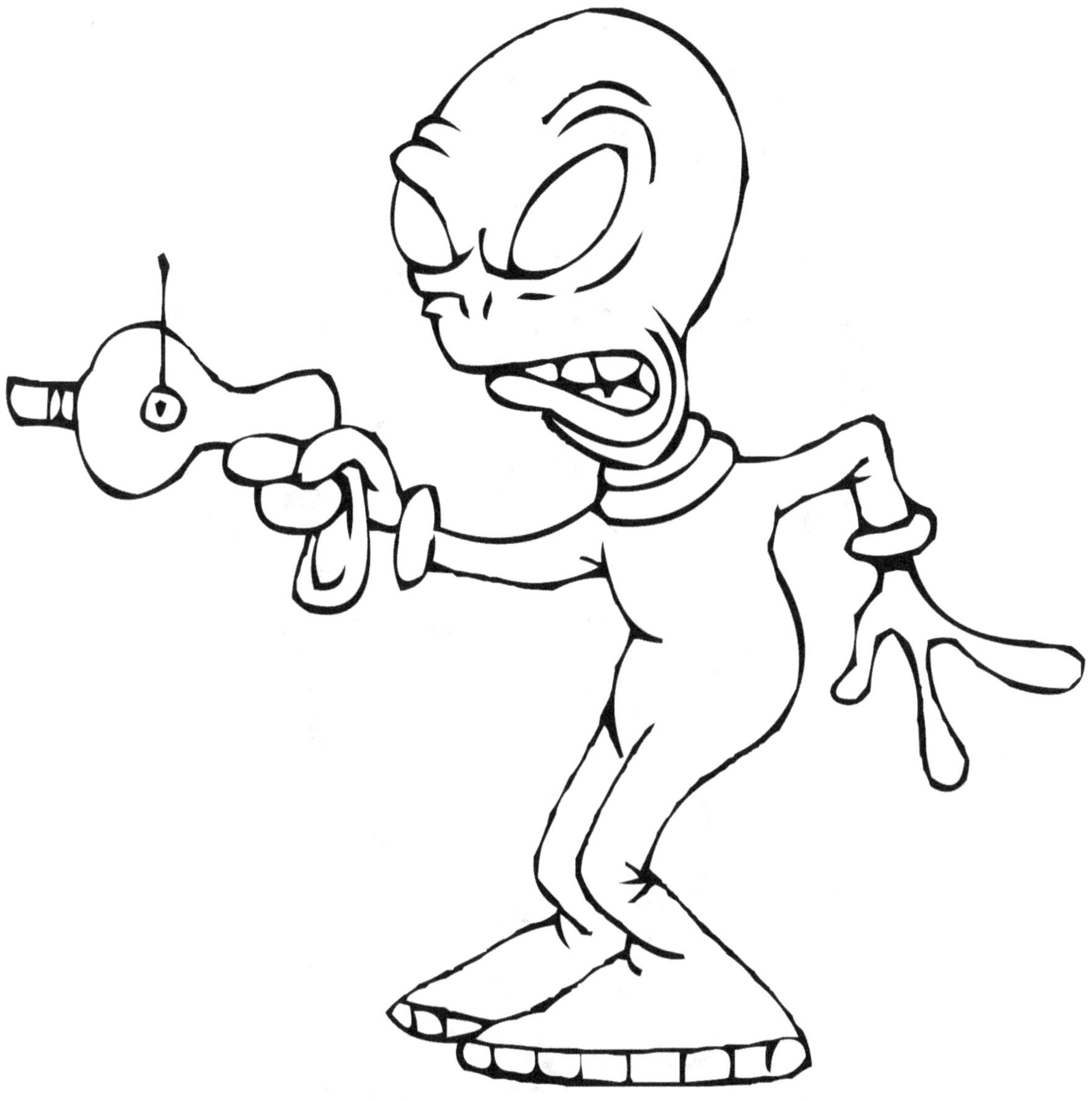

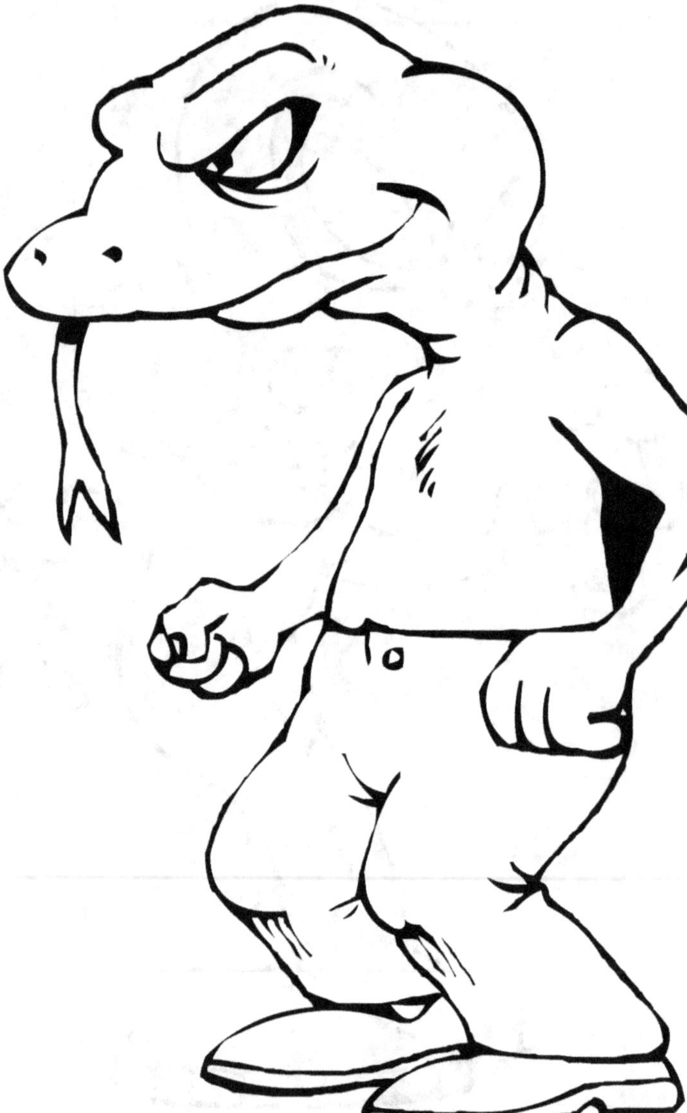

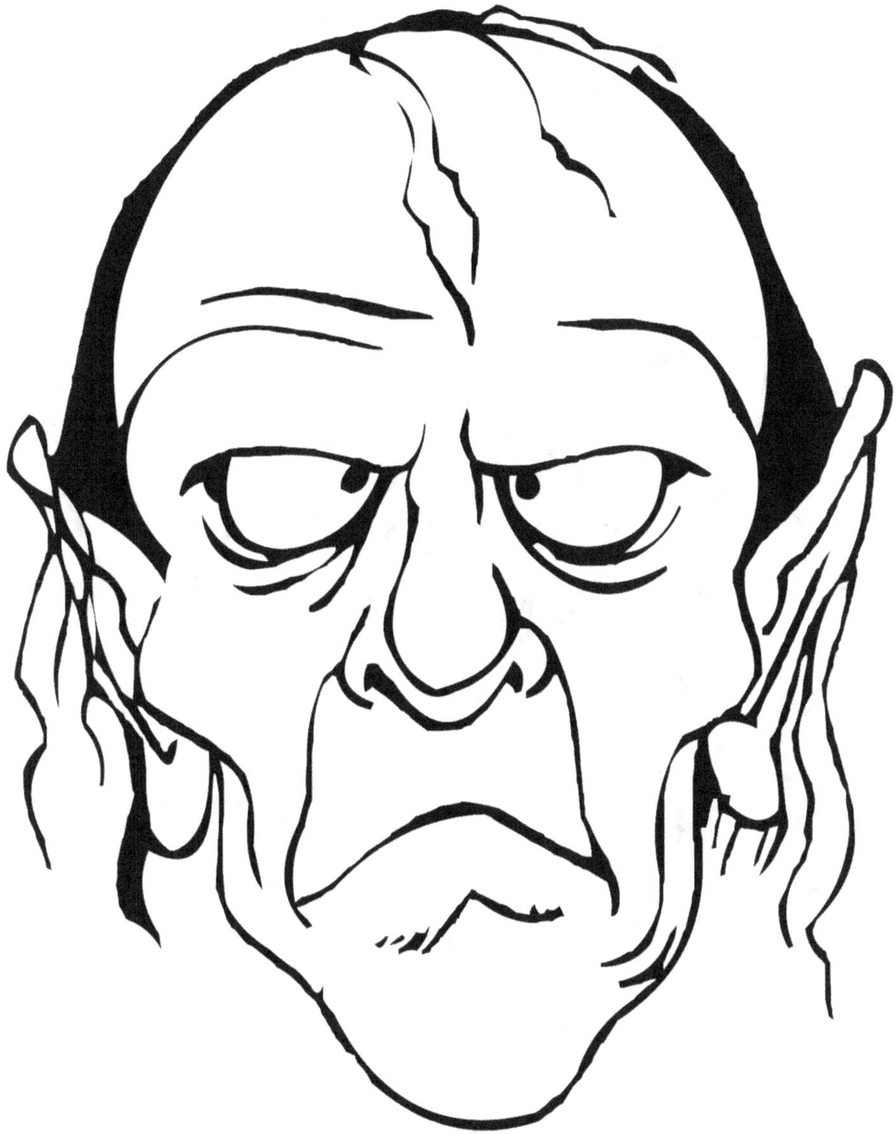

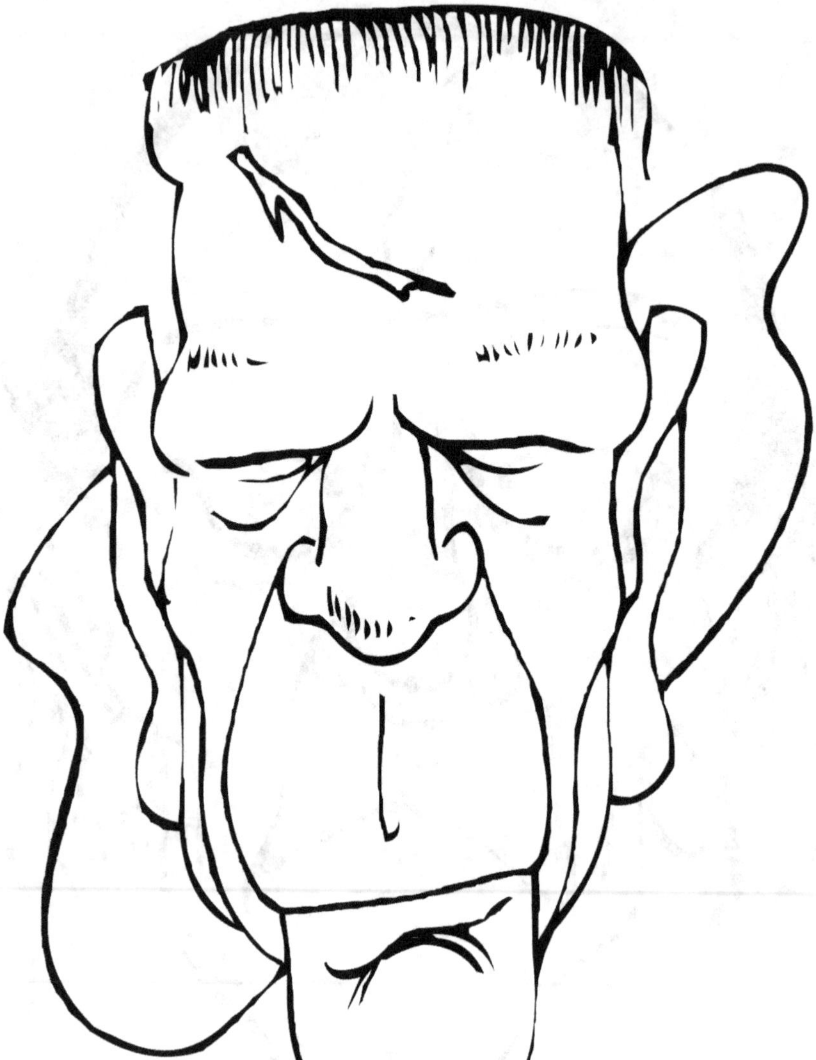

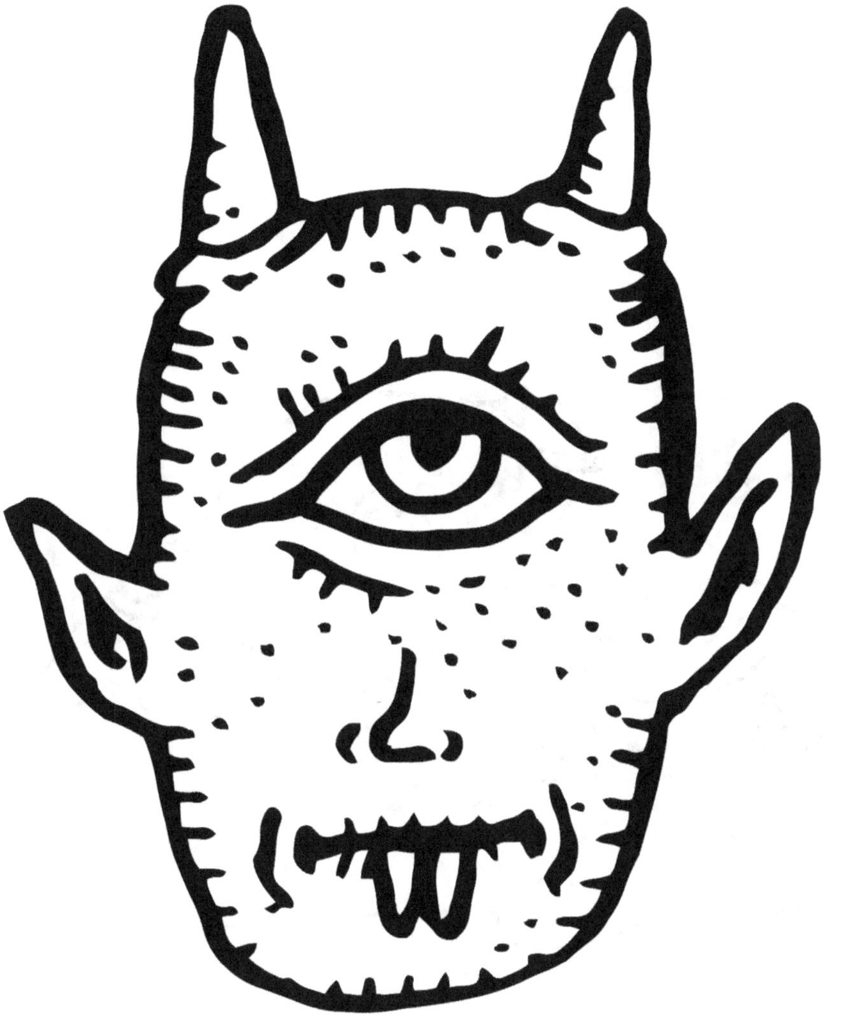

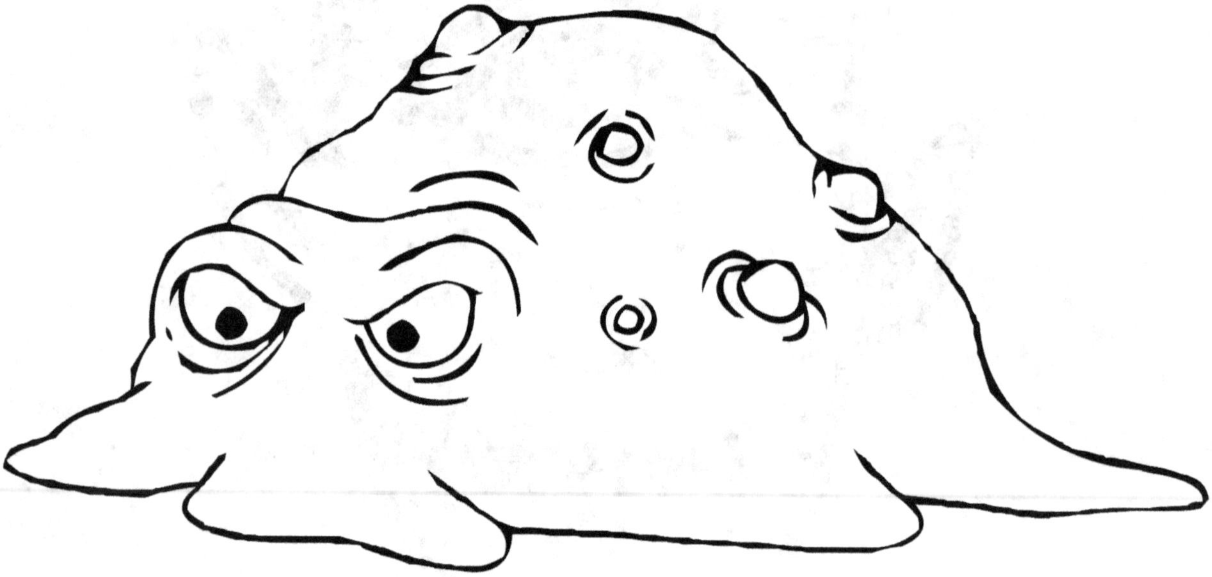

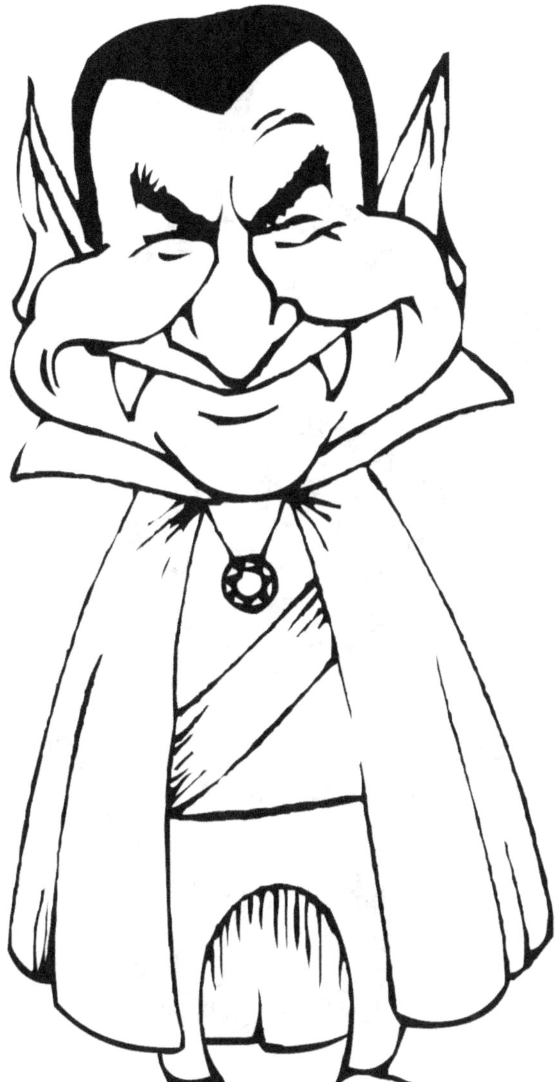

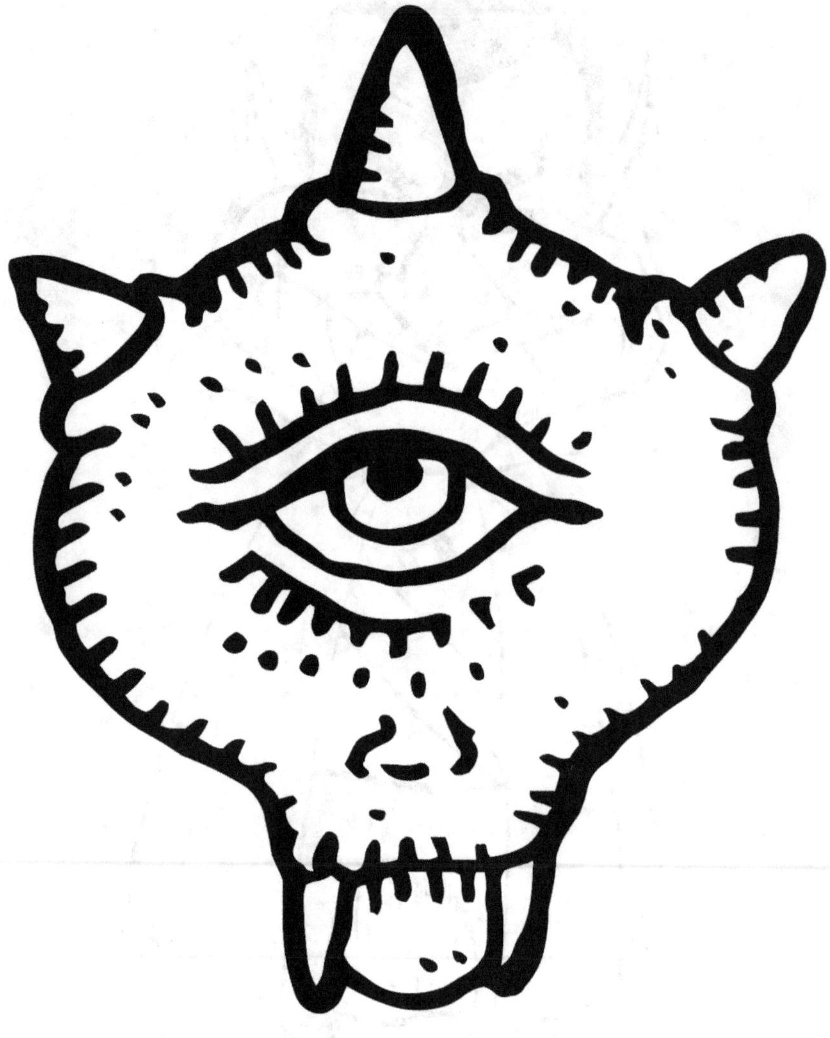

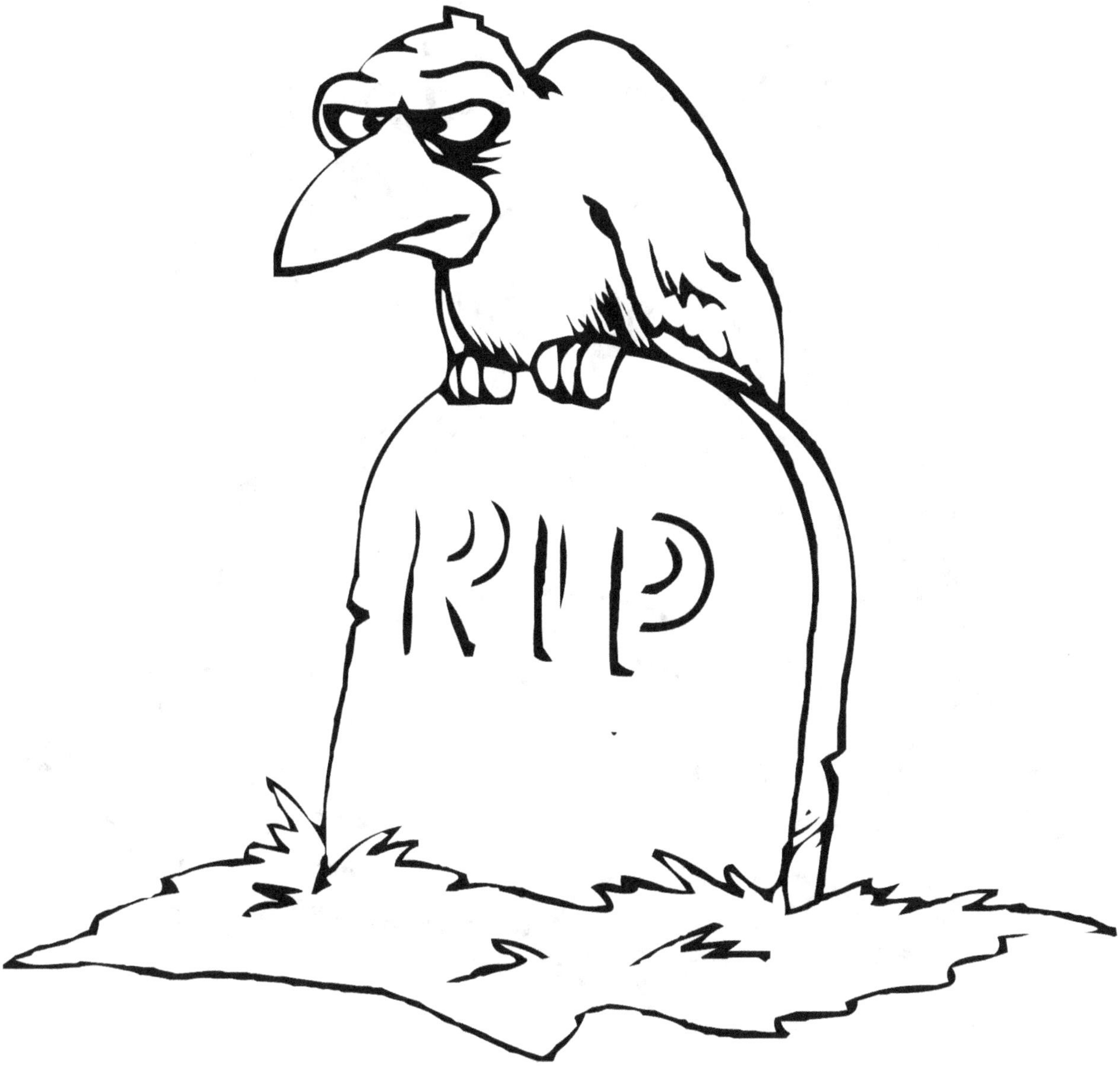
RIP

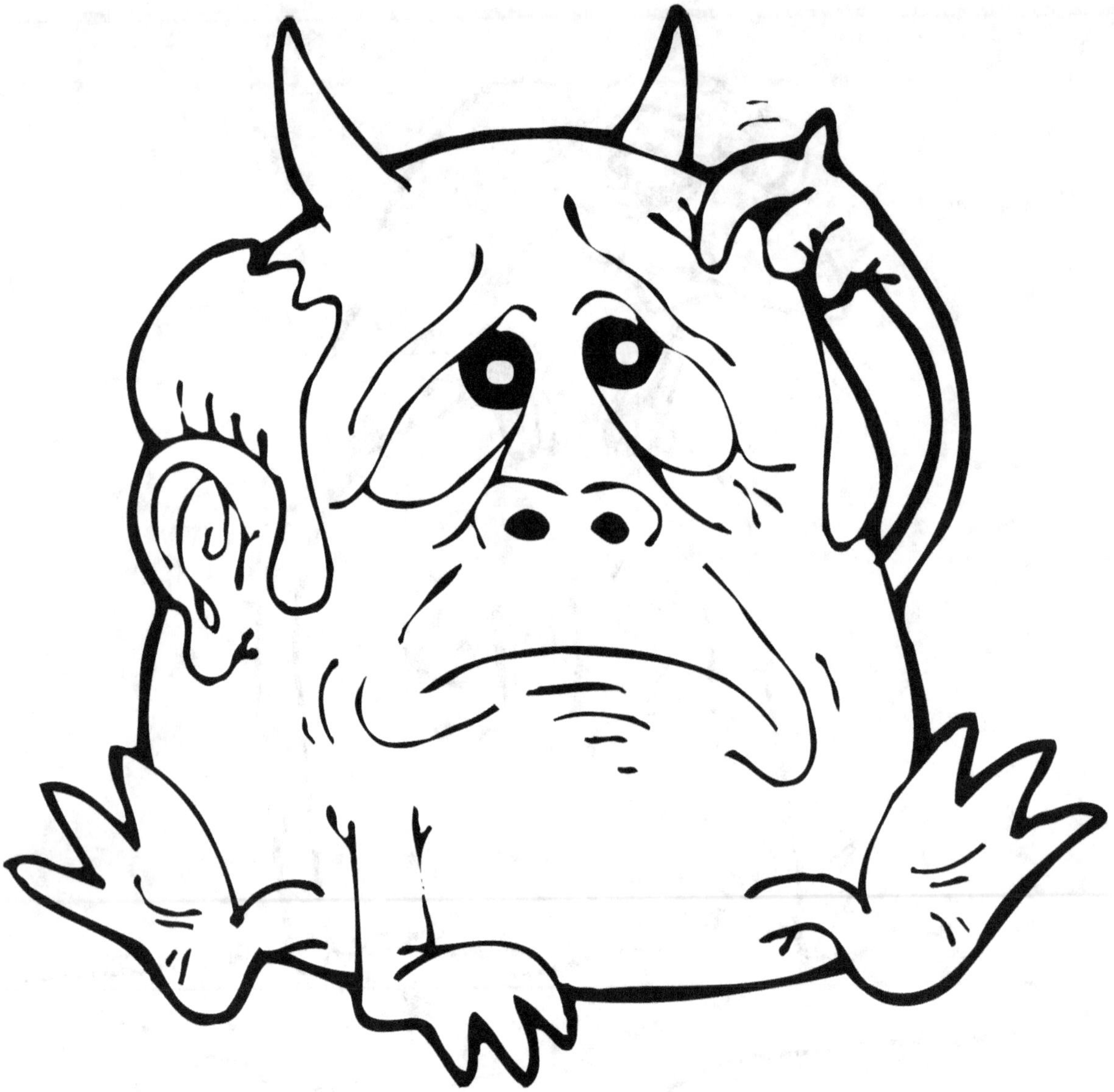

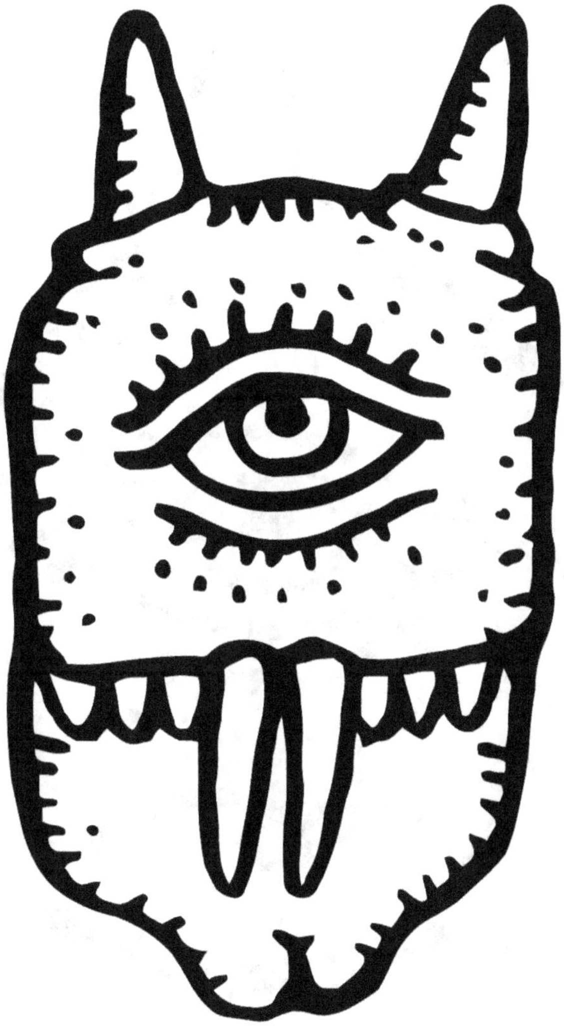

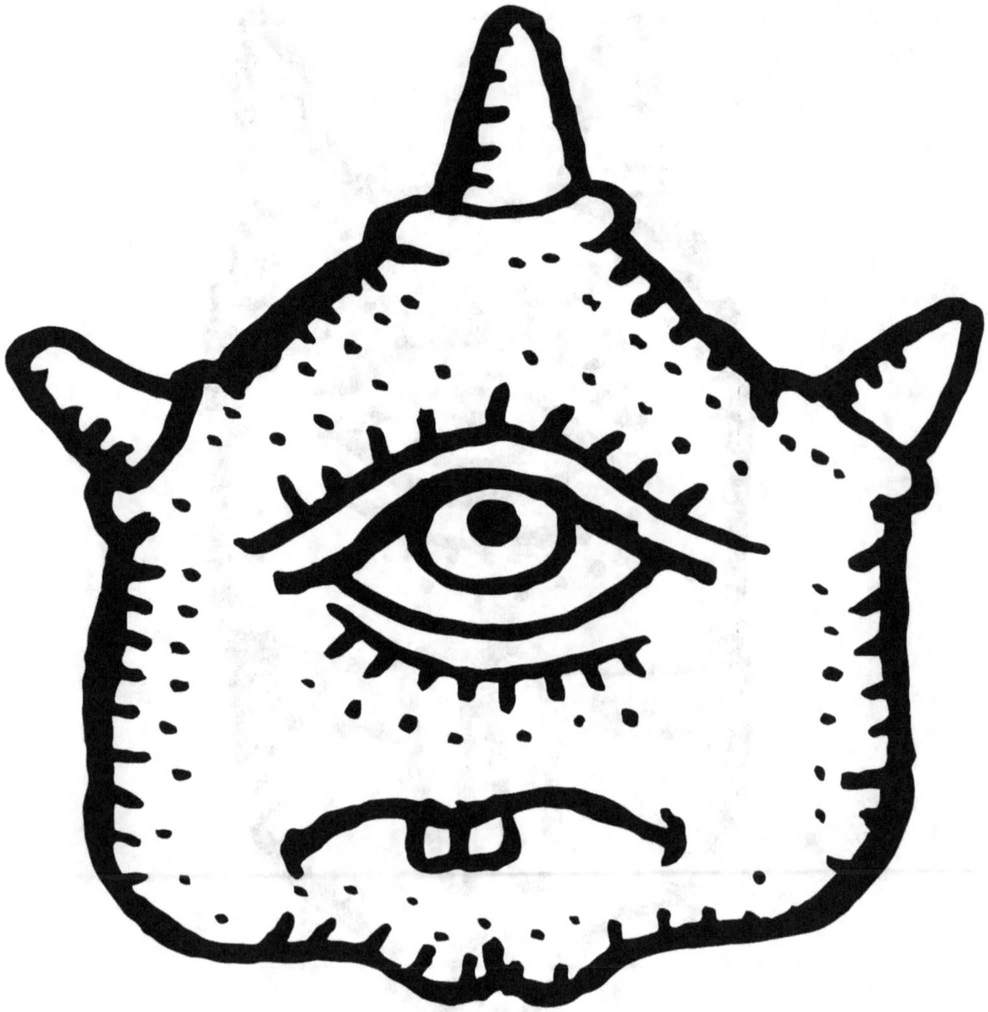

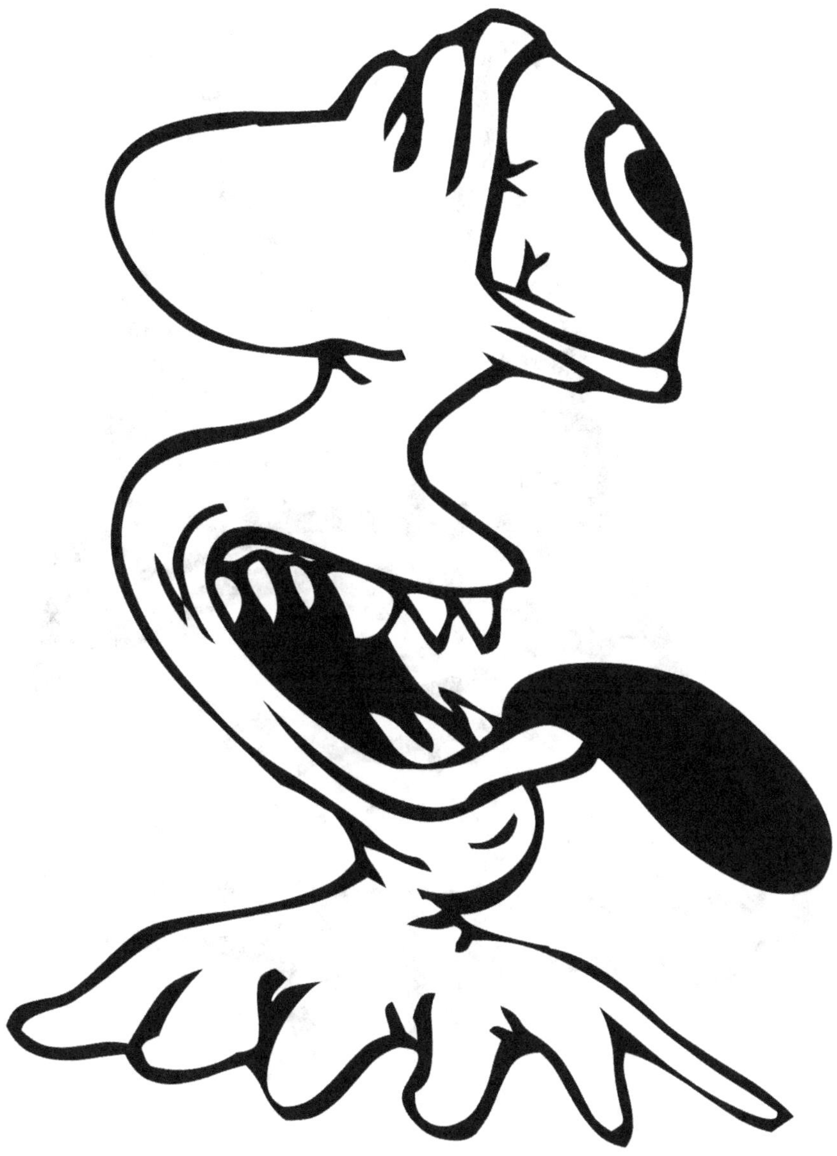

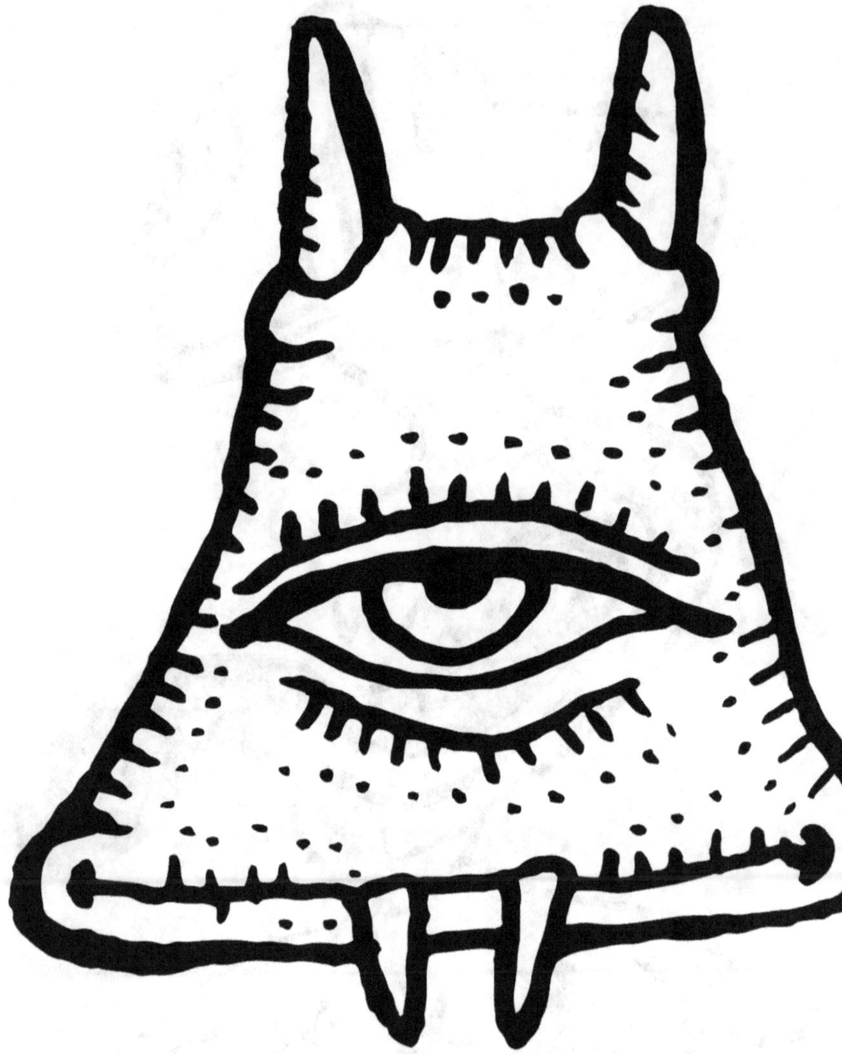

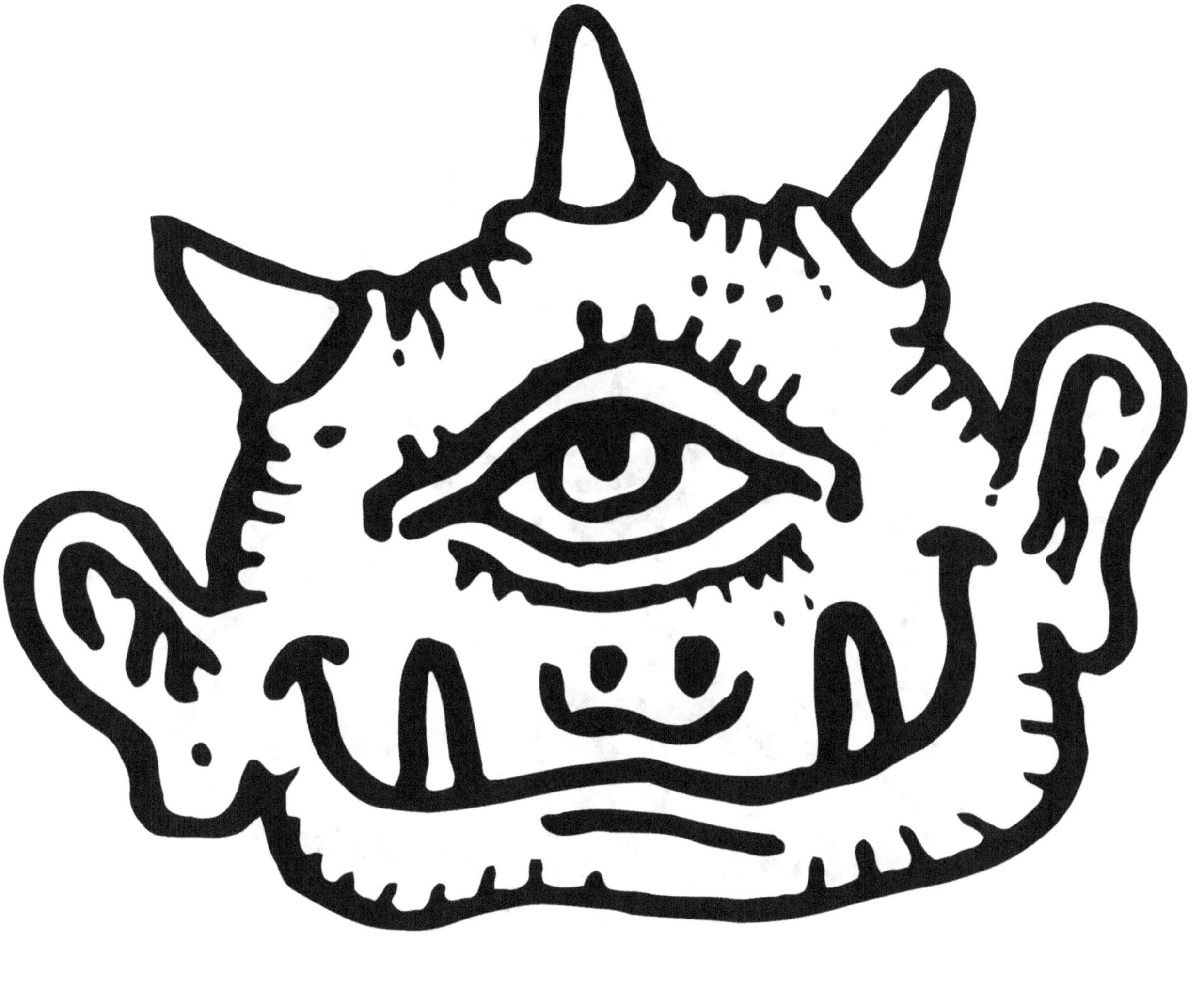

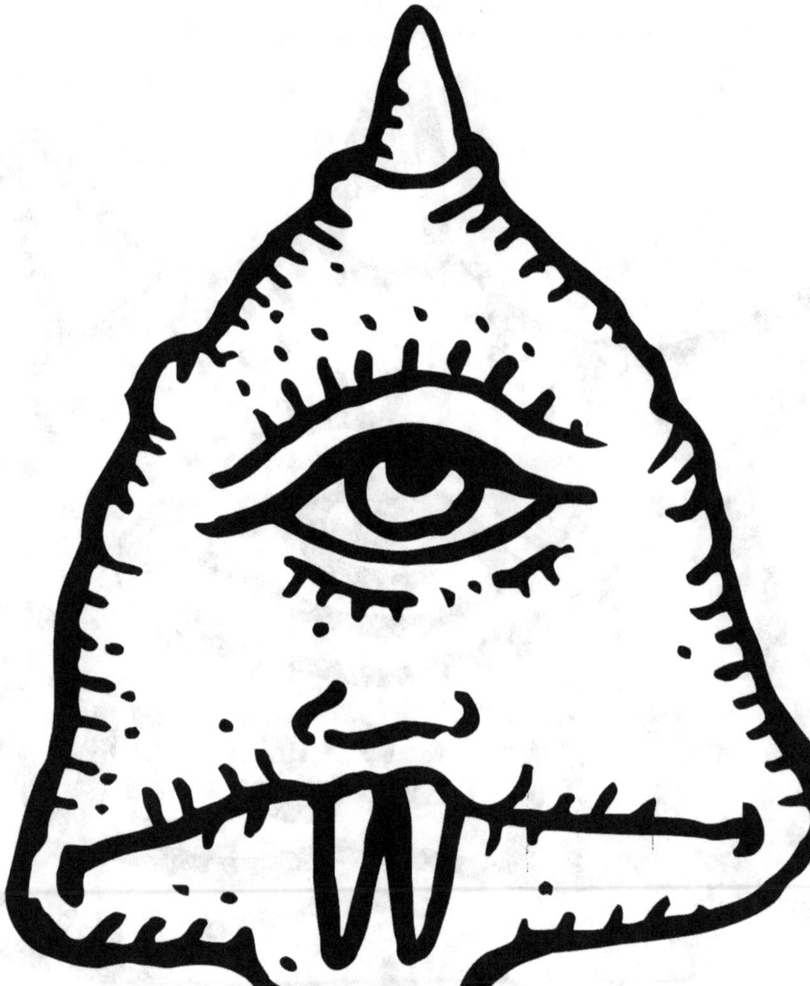

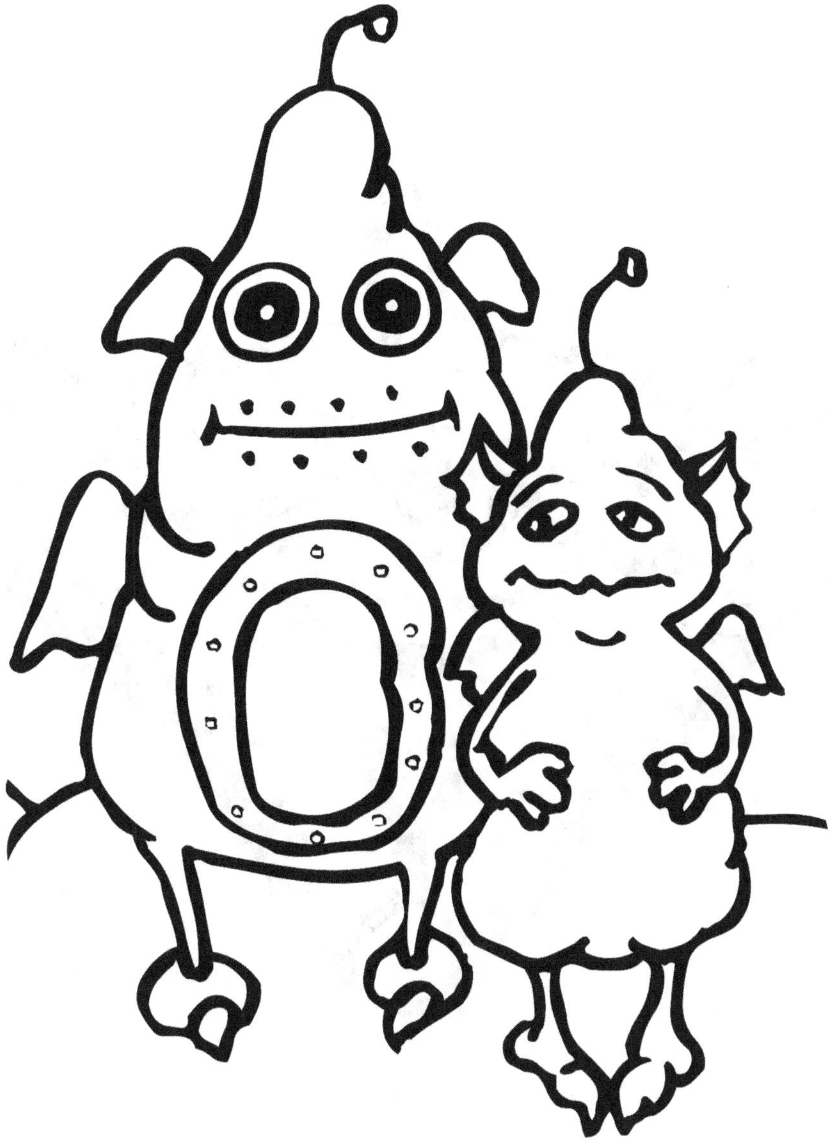

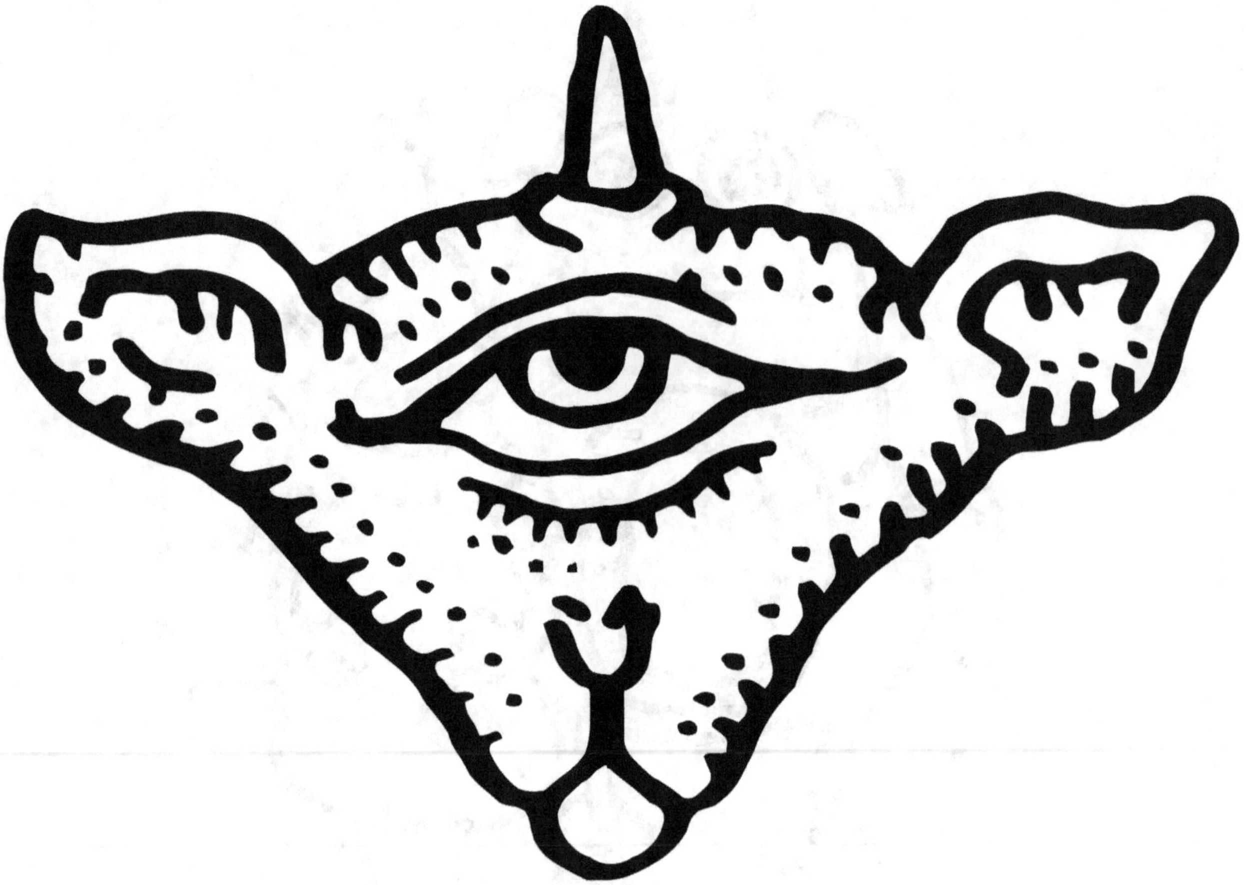

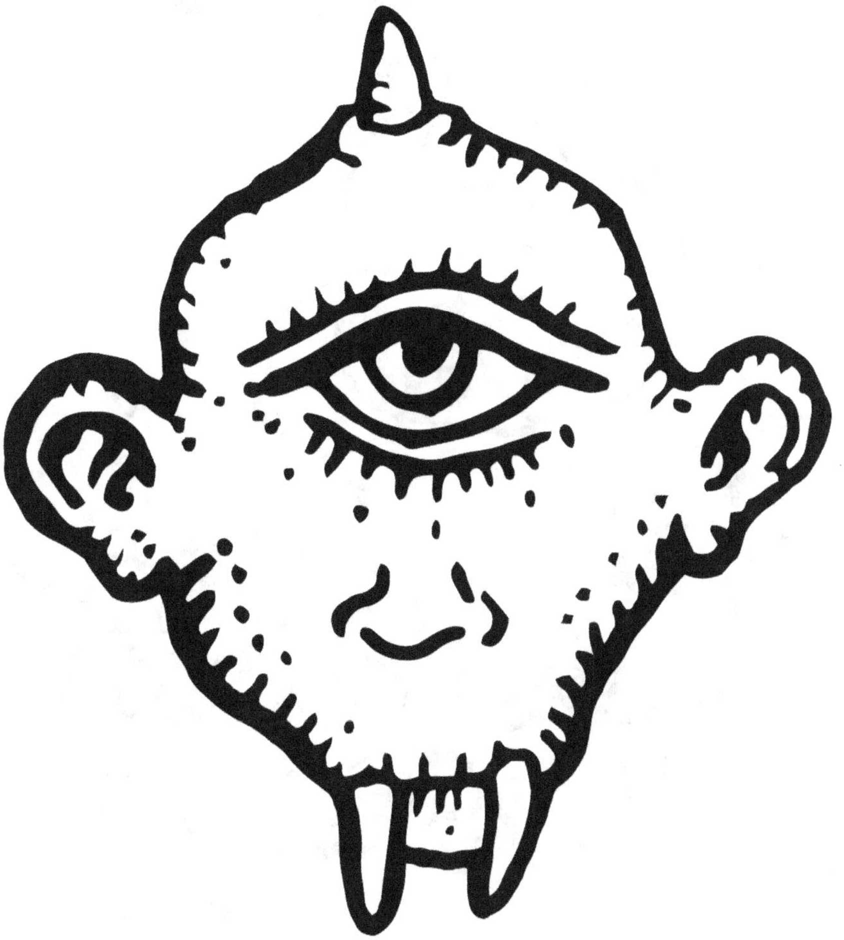

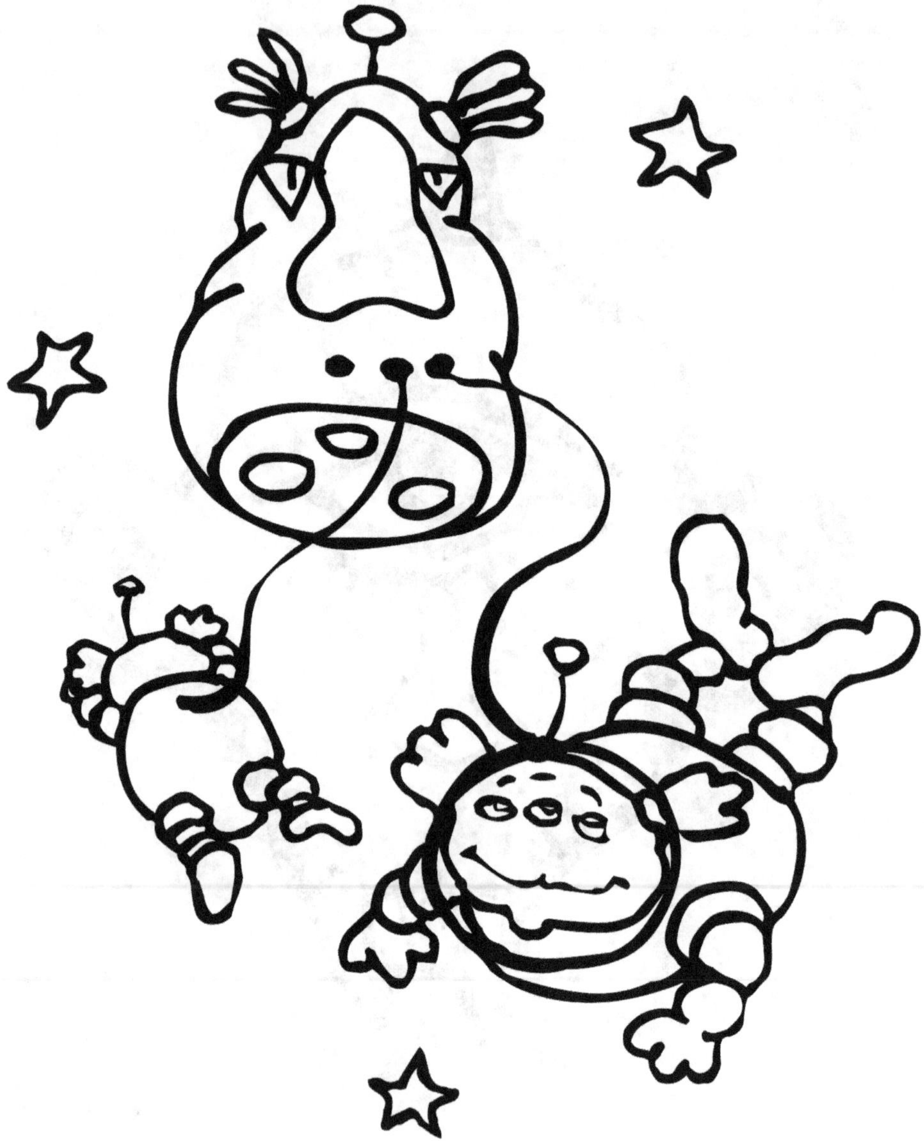

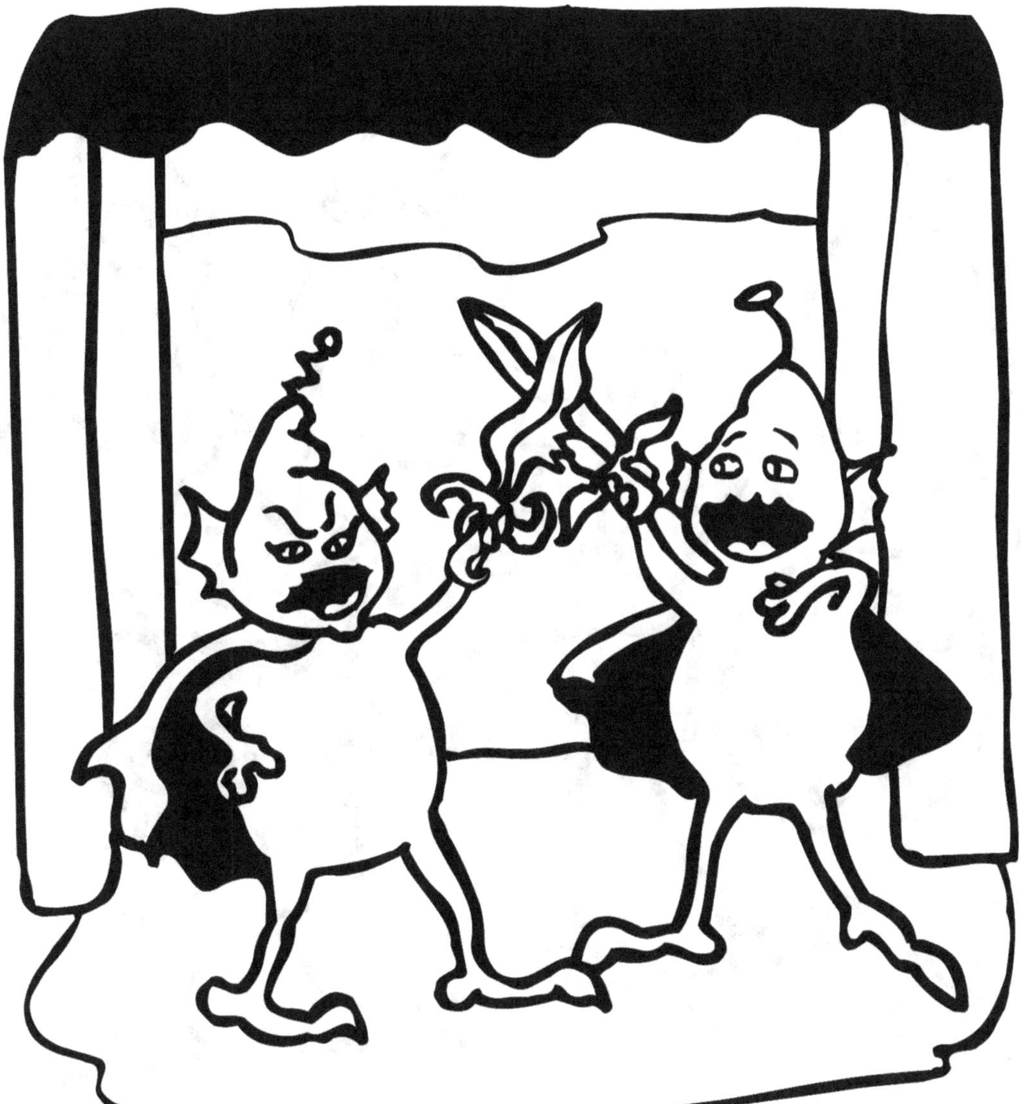

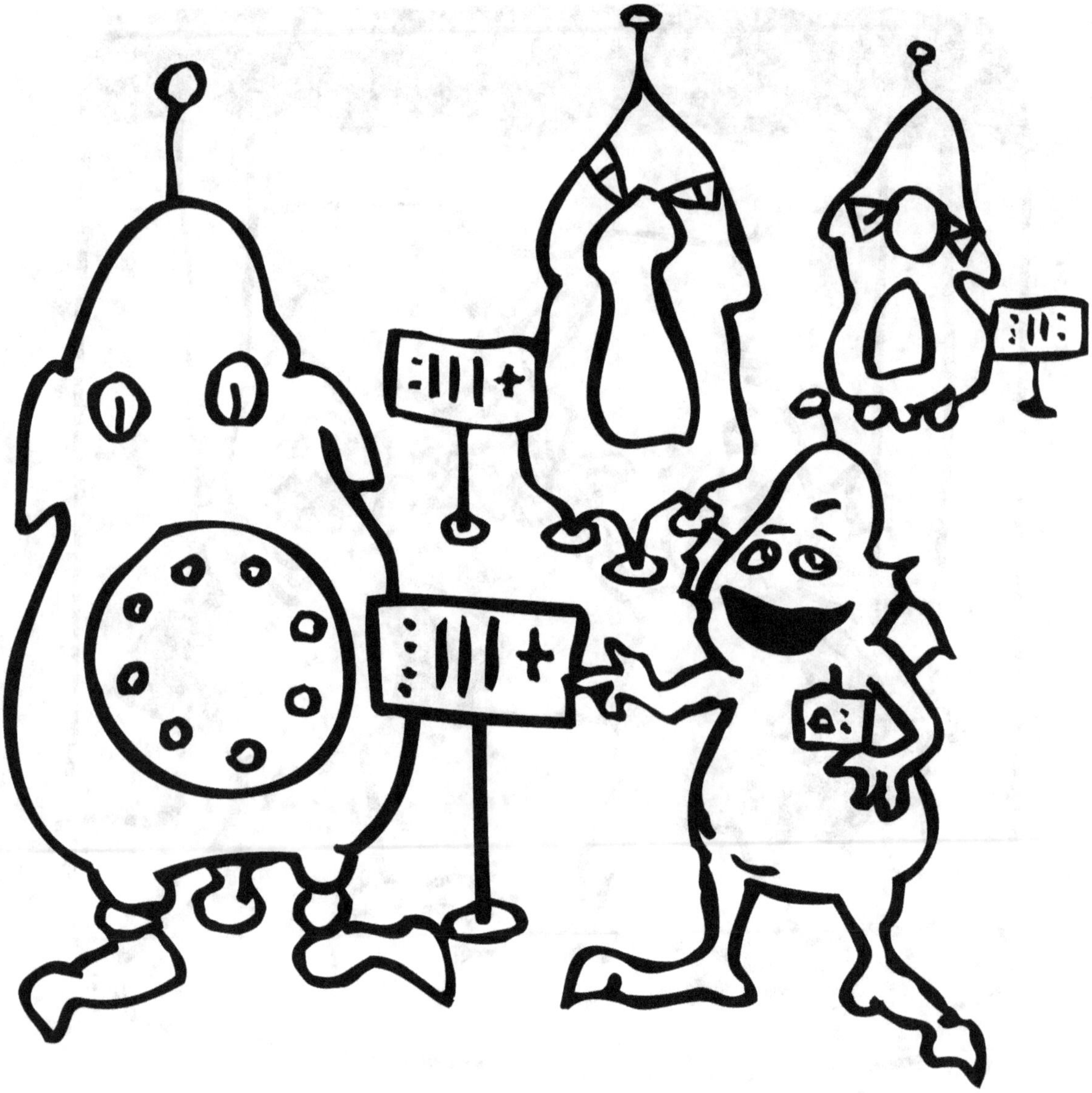

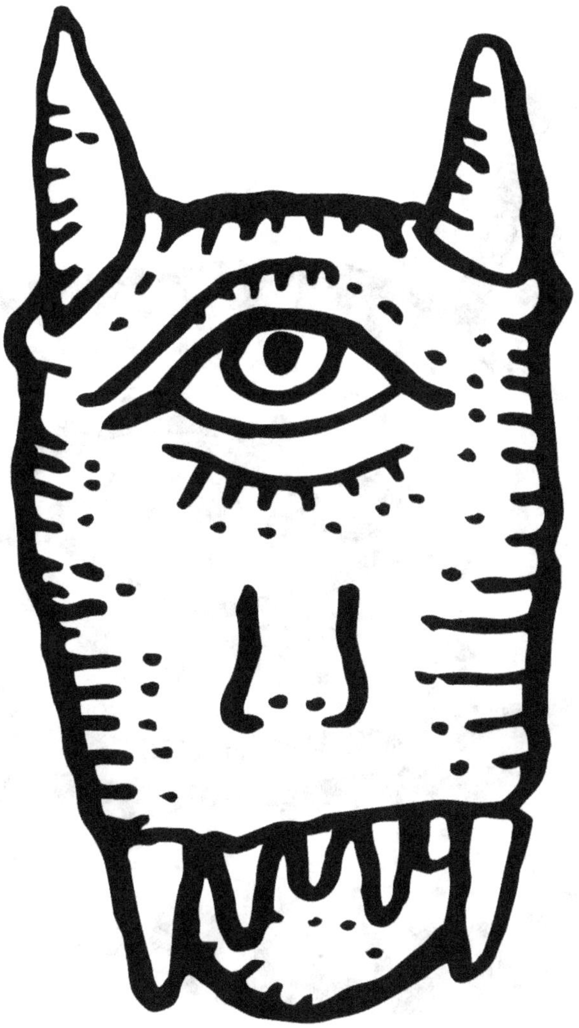

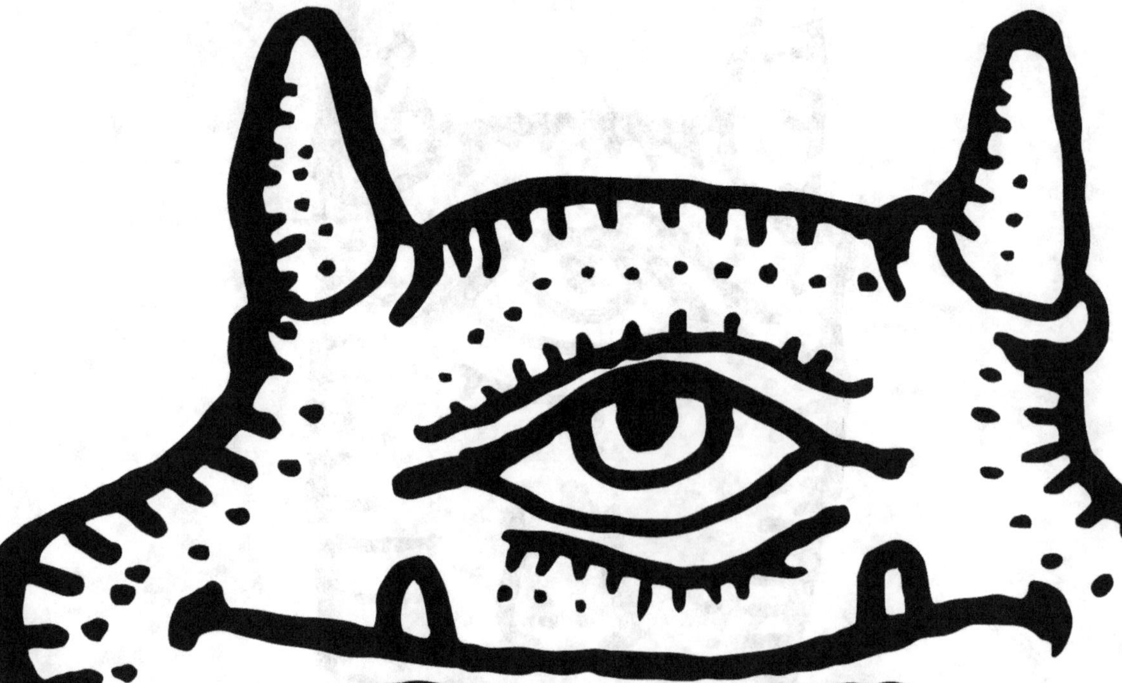

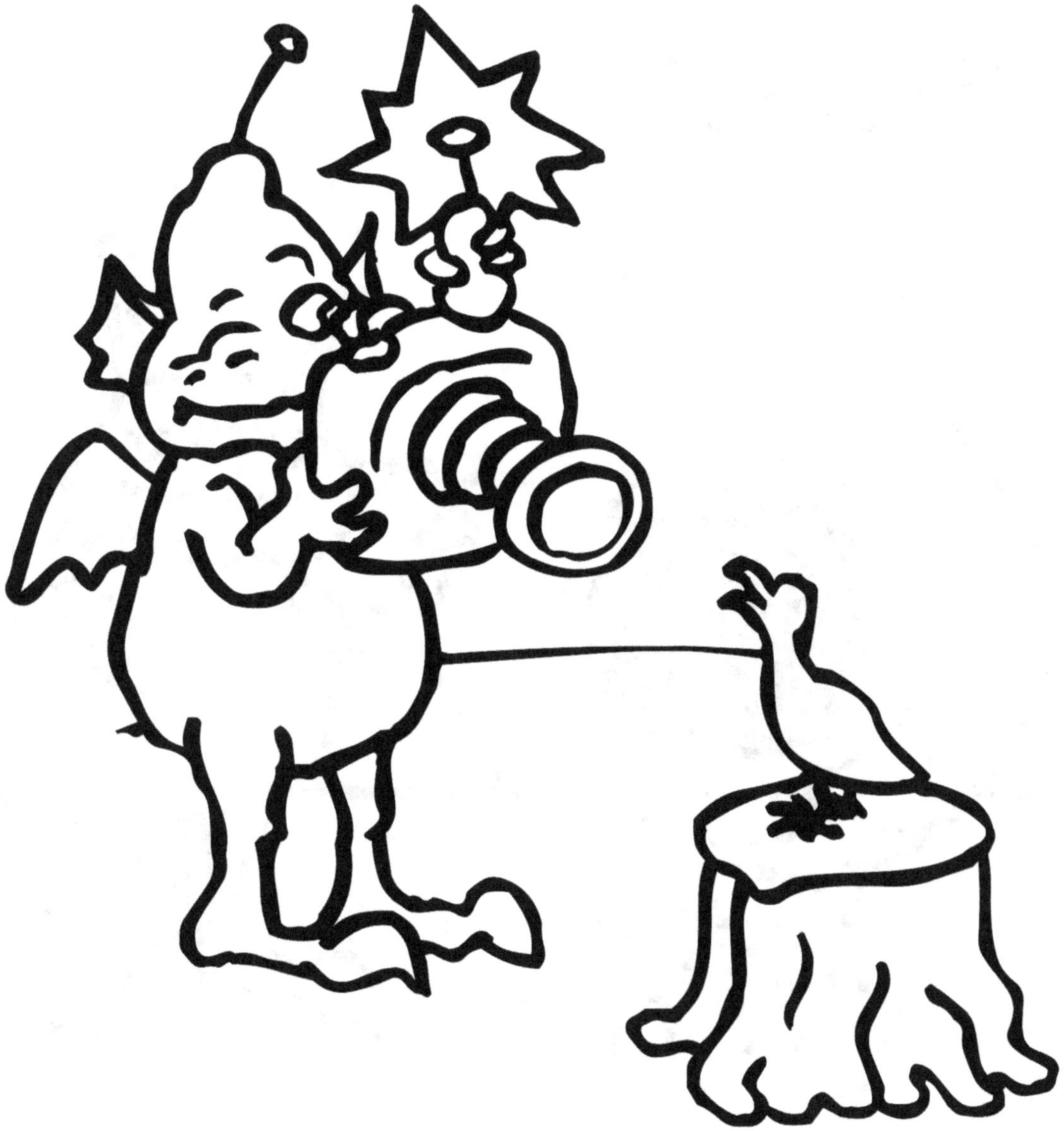

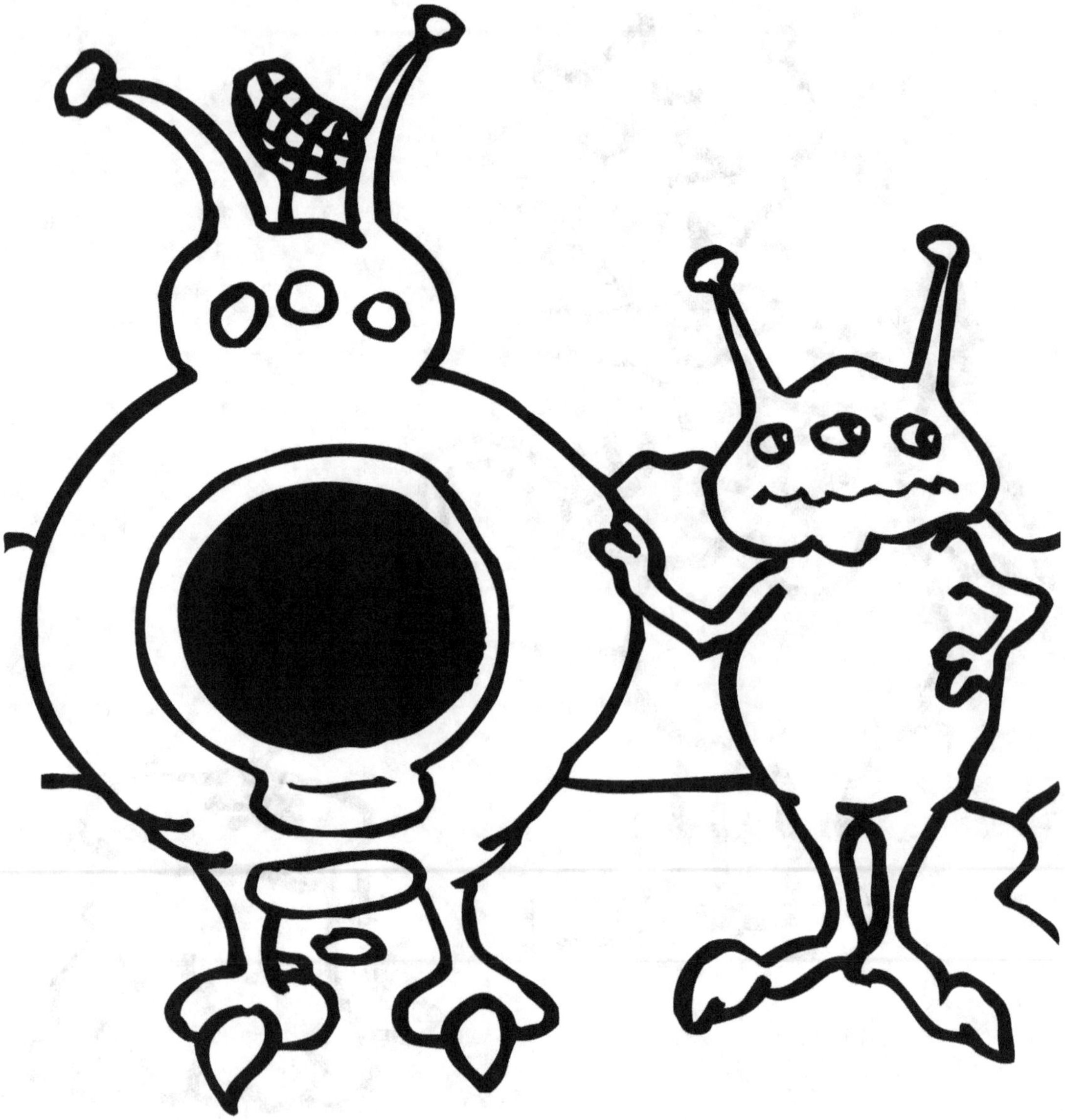

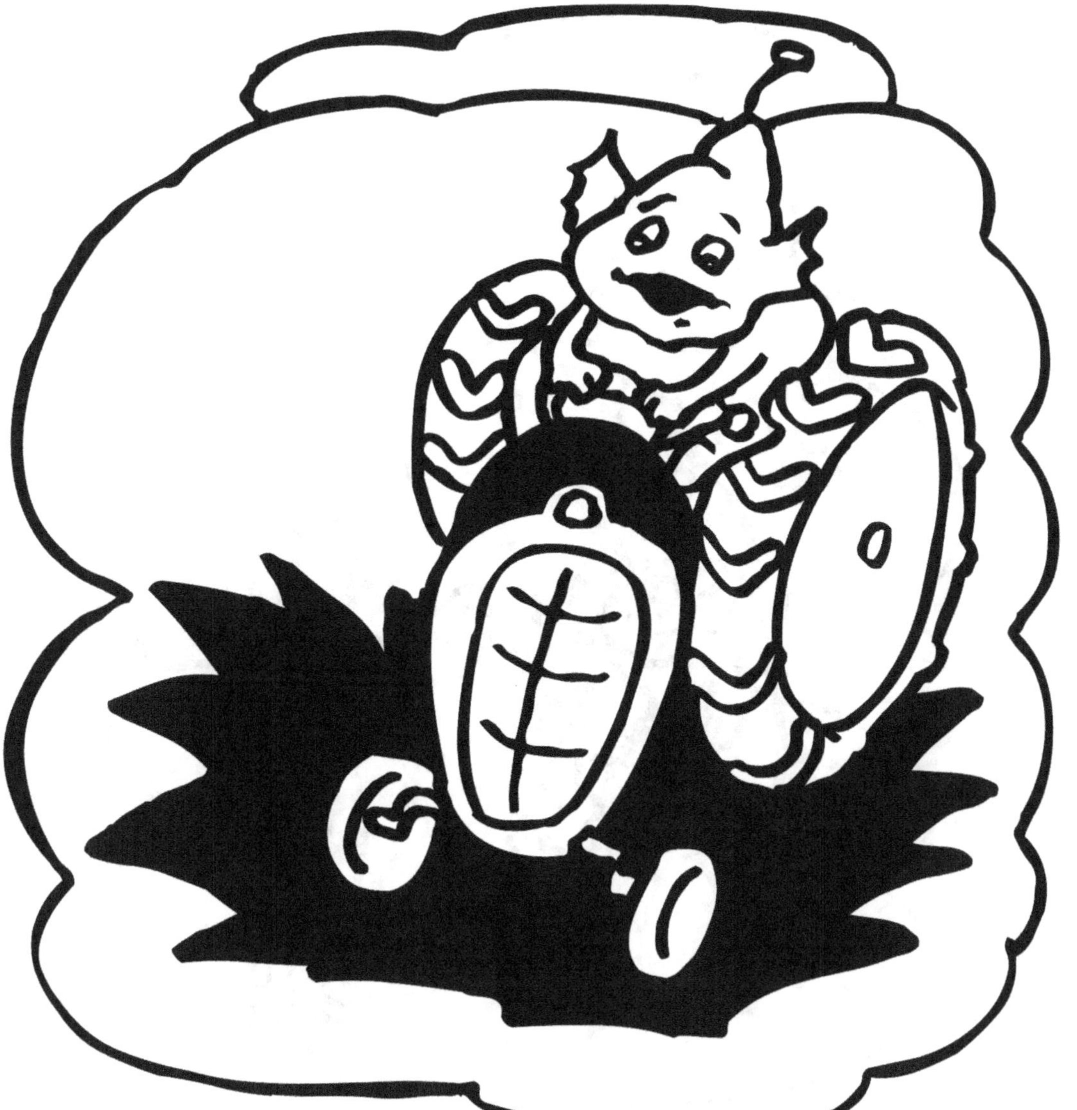

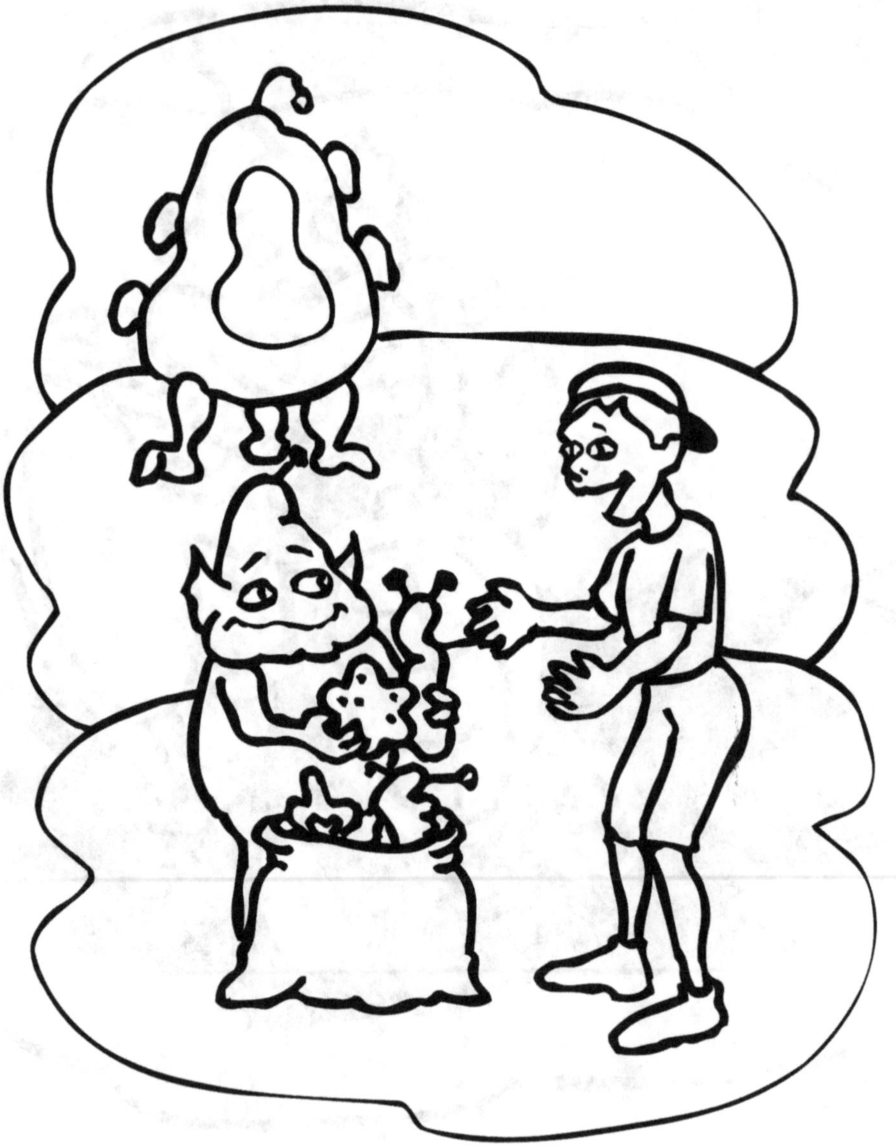

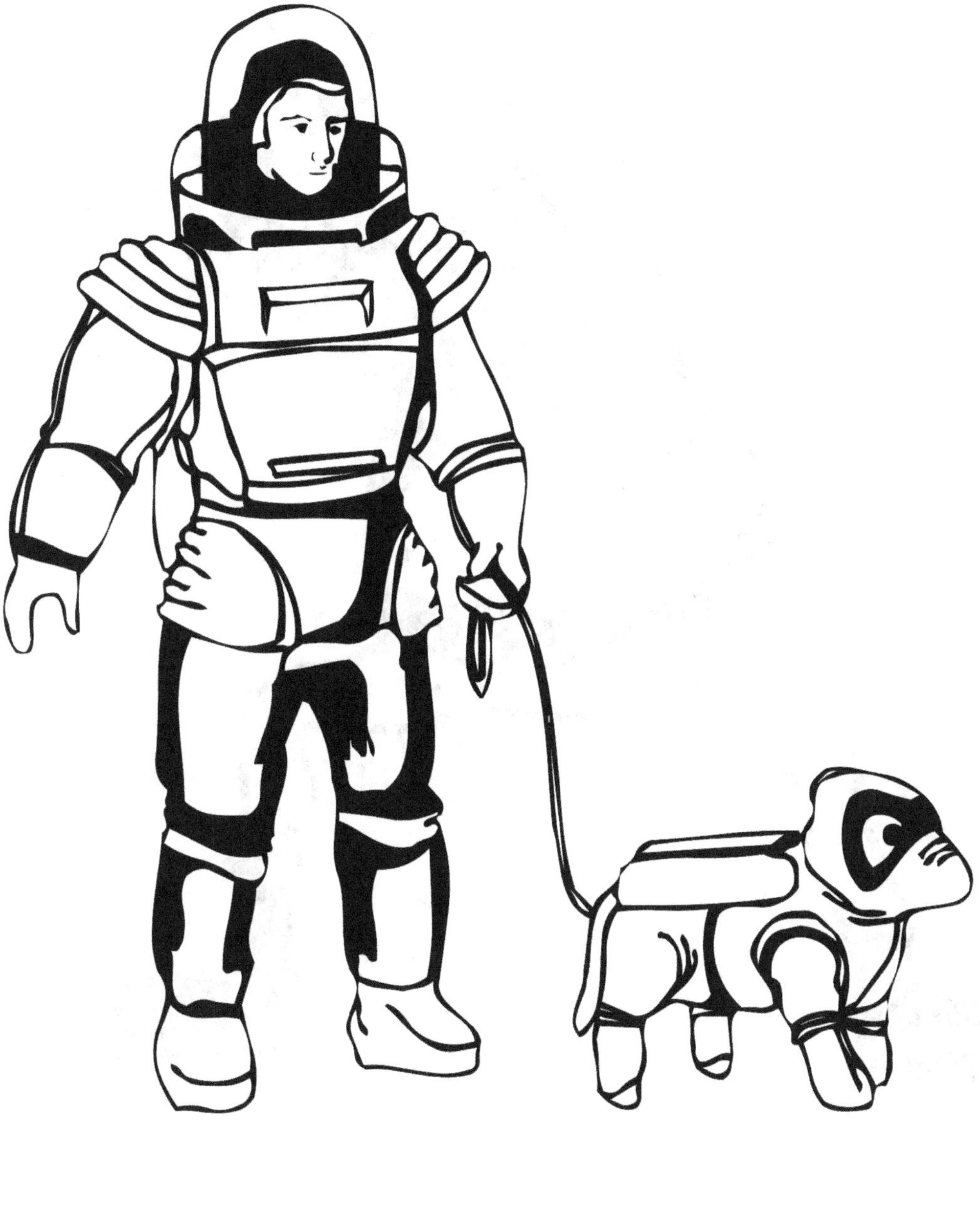

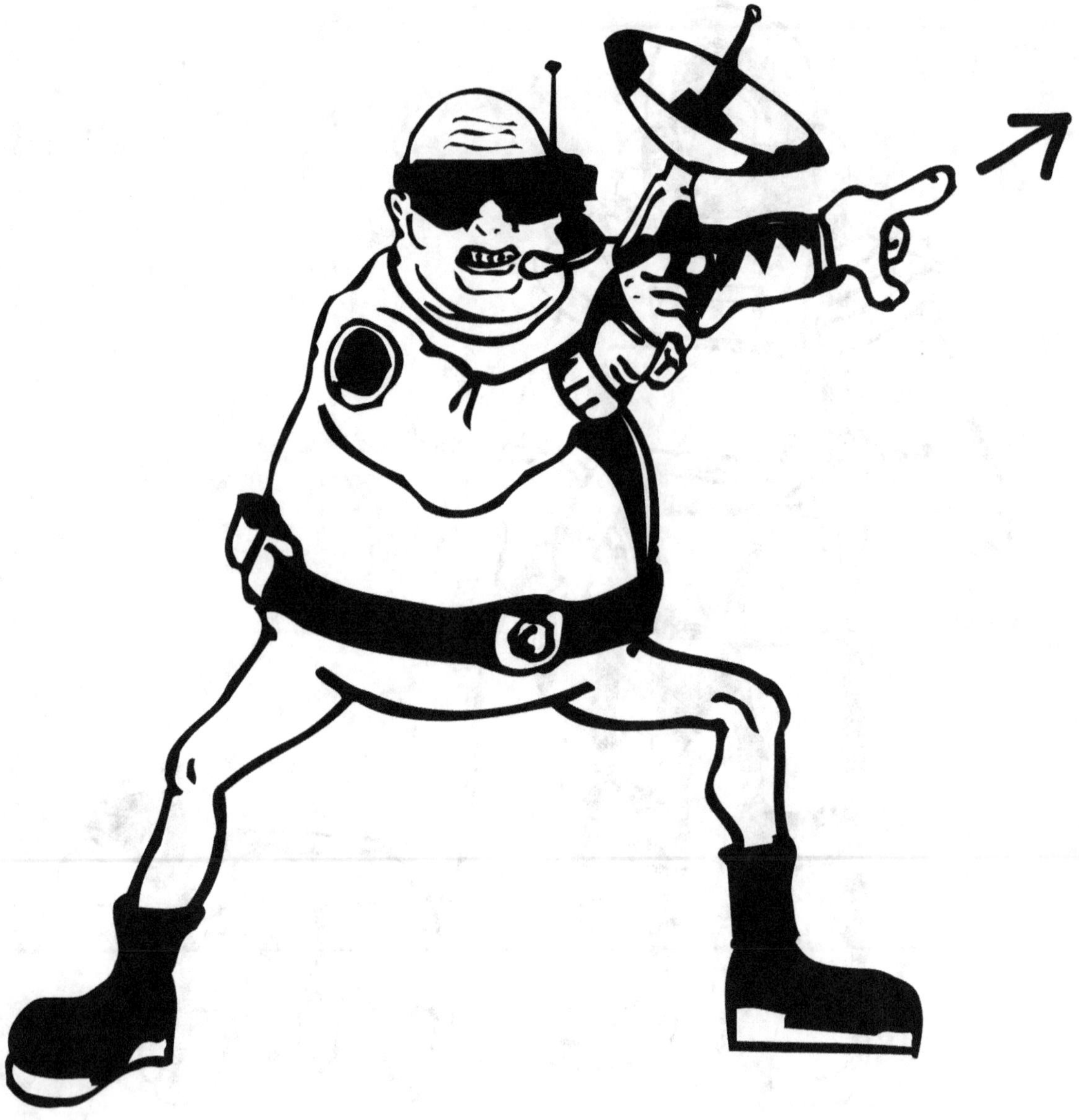

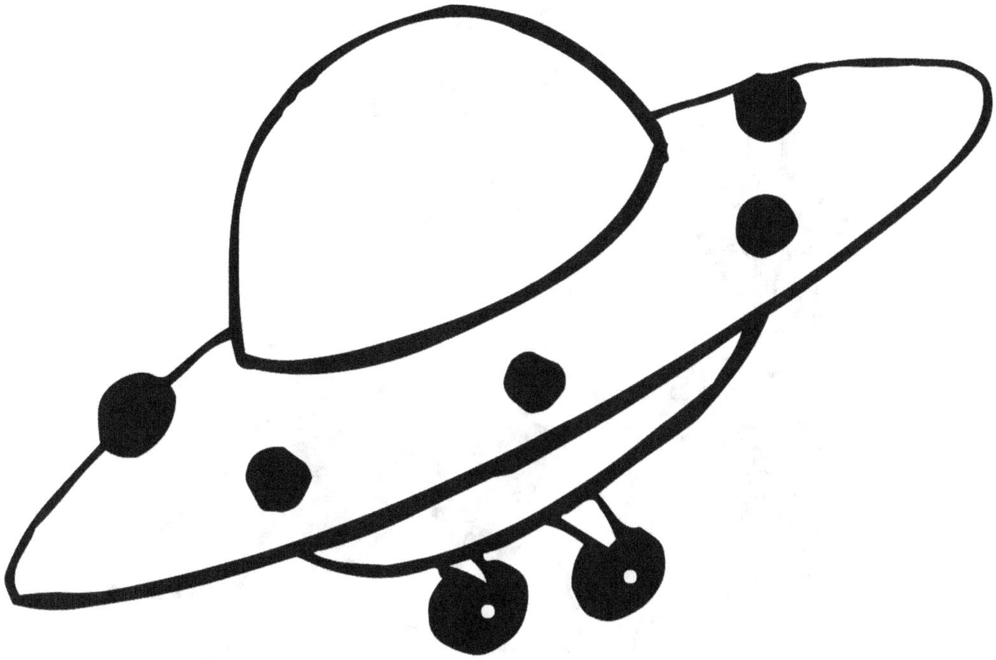

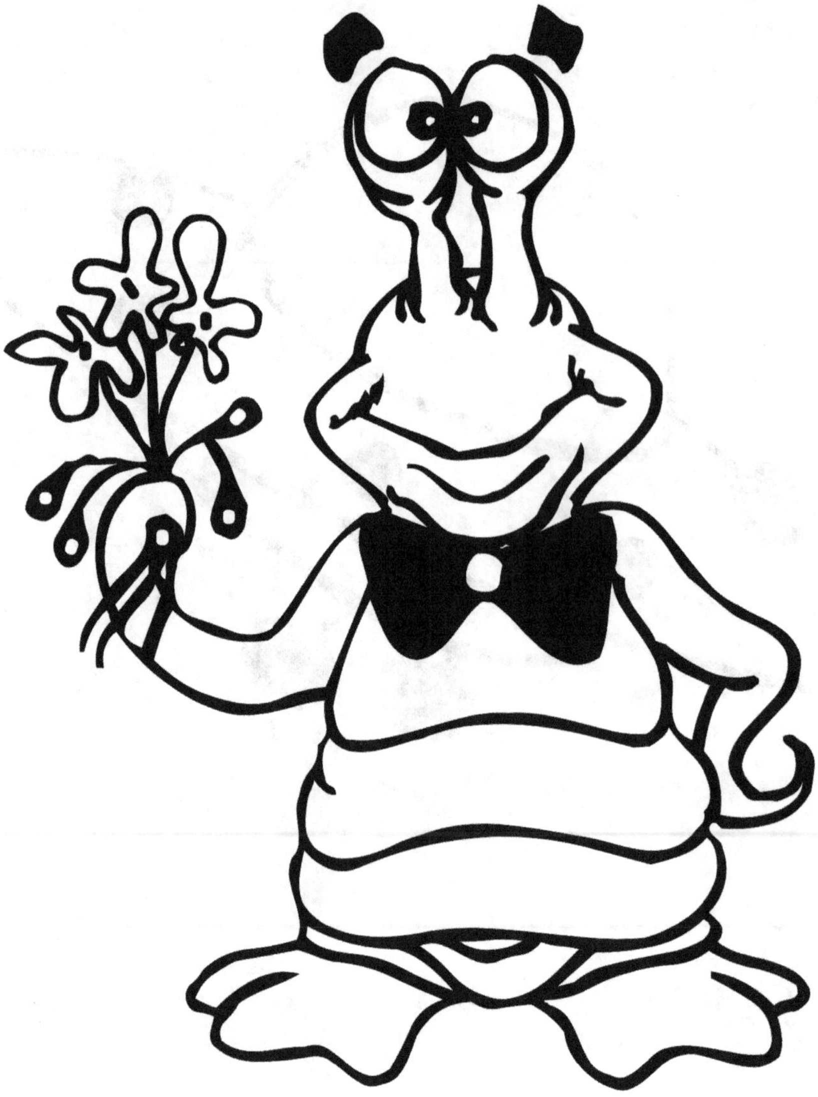

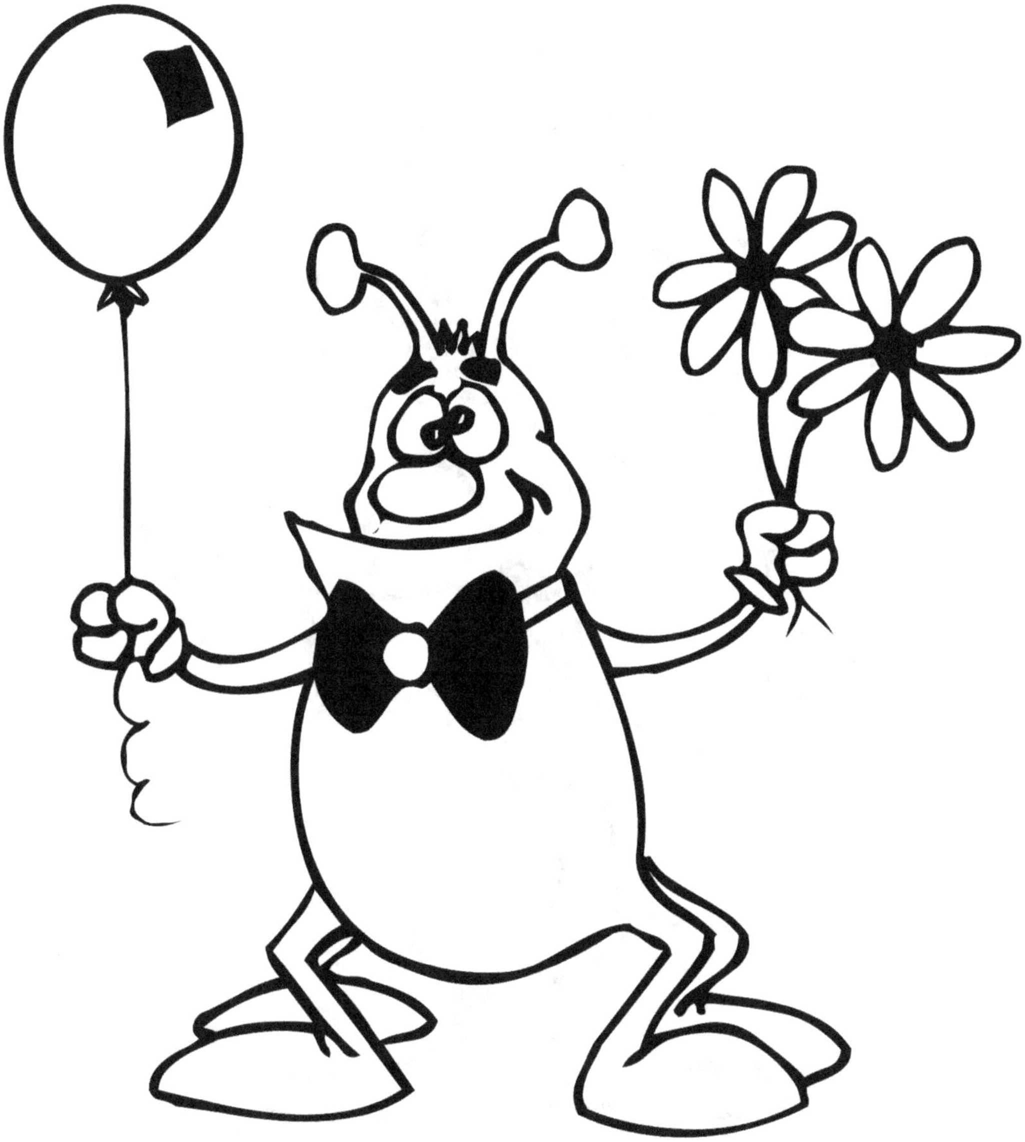

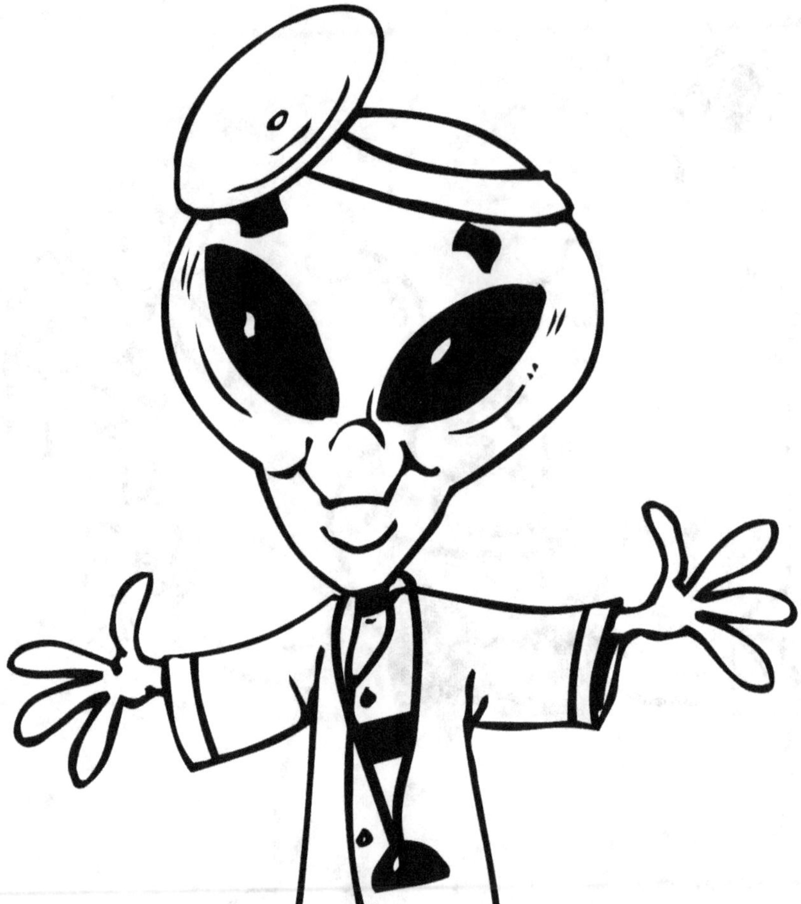

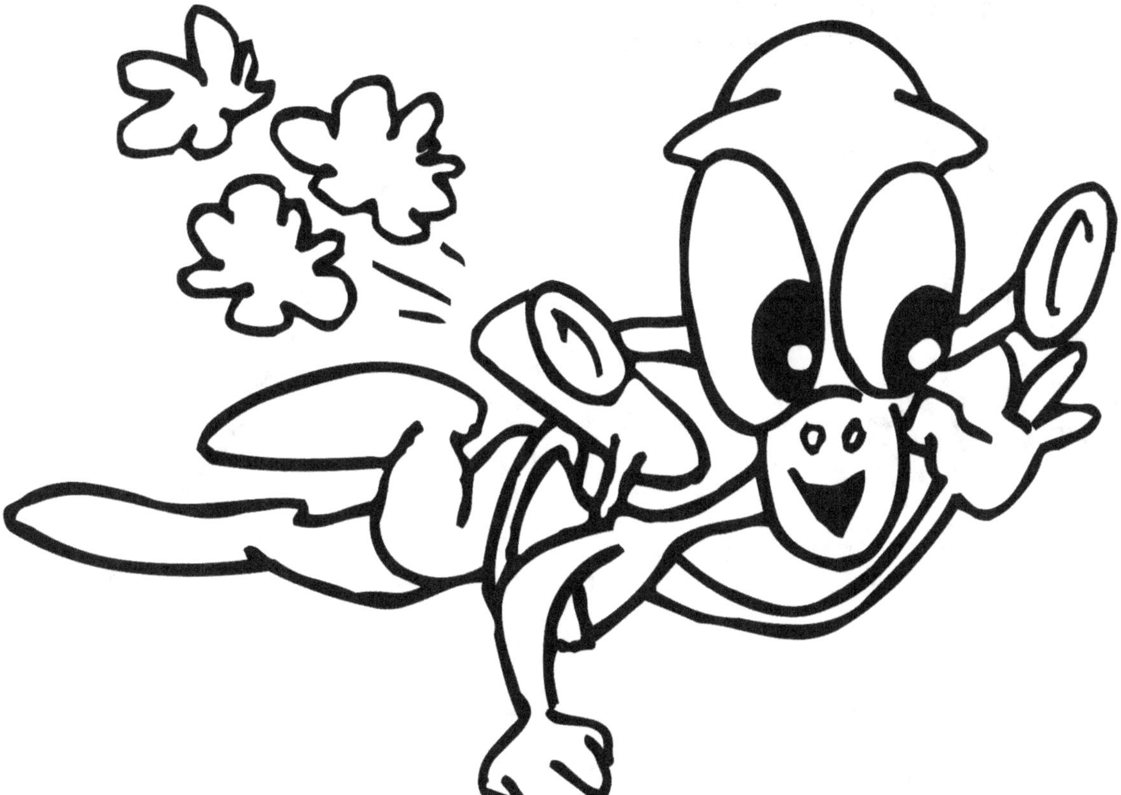

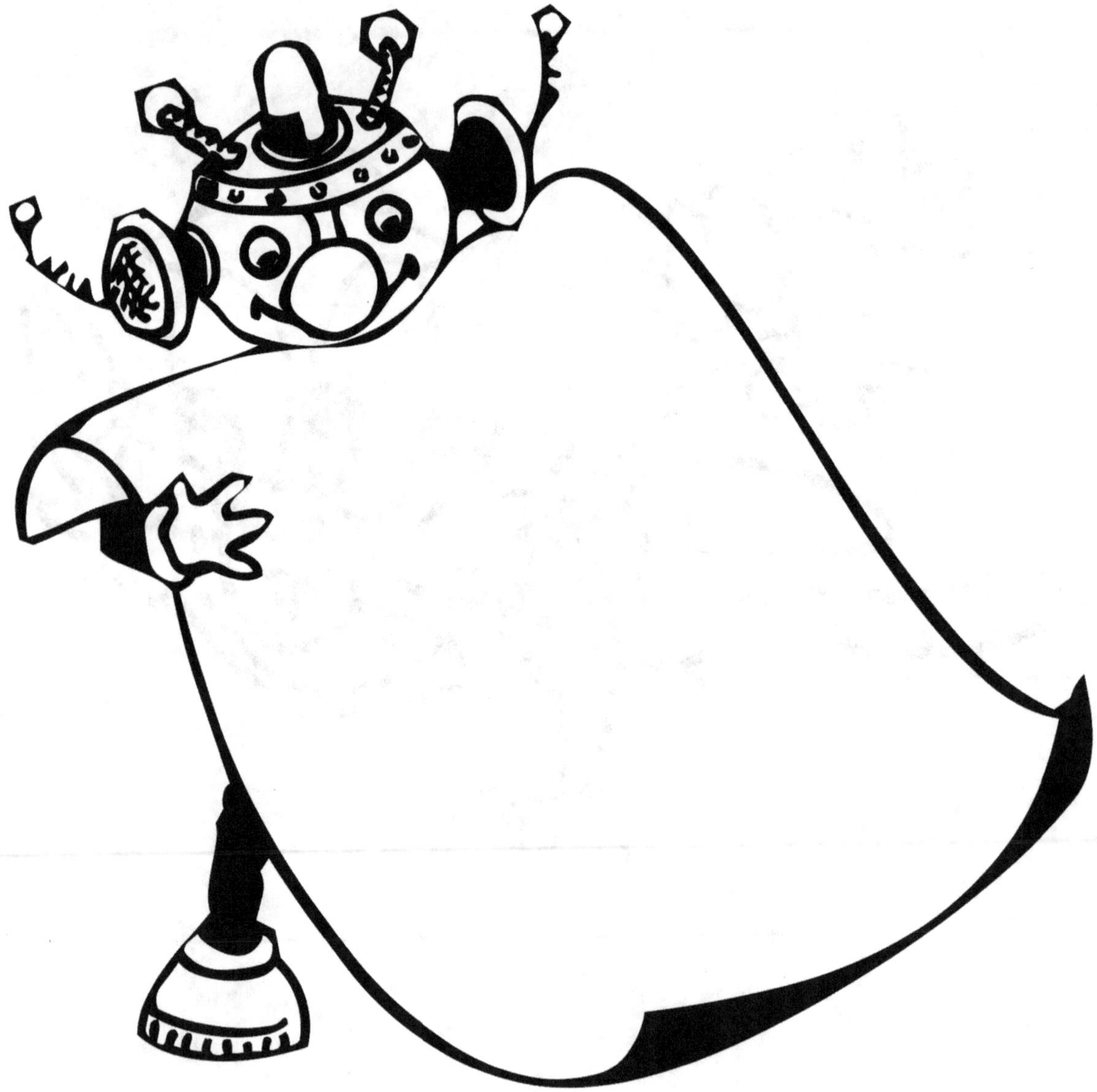

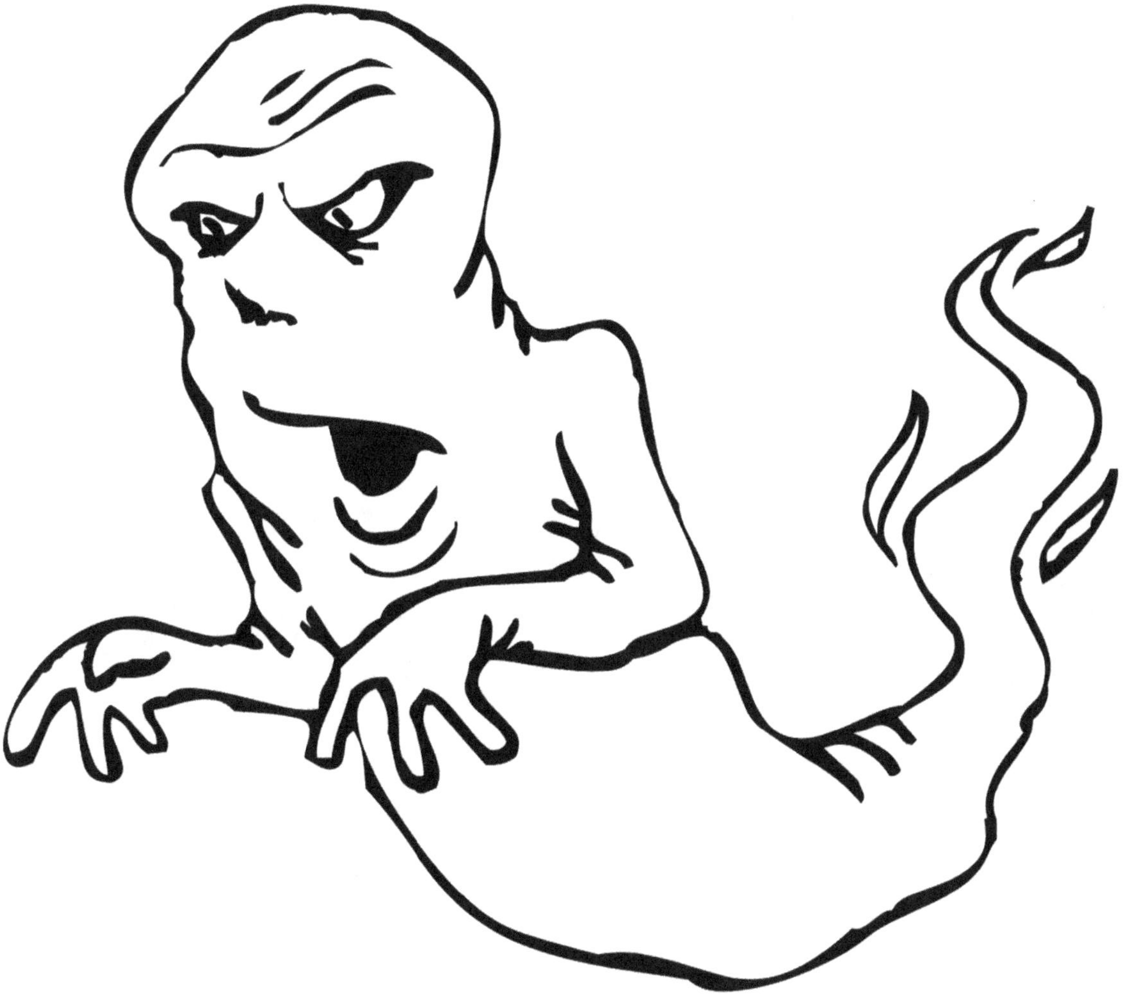

www.ingramcontent.com/pod-product-compliance
Lightning Source LLC
Chambersburg PA
CBHW080532220526
45465CB00006B/2677
9798642684795